VEX机器人创新编程设计

基于RobotC

李哲 罗强 王天威 编著

化学工业出版社
·北京·

VEX 机器人是一款国际上广泛使用的机器人产品，越来越多的中小学开设有相关的课程。它通常采用 C 语言编程，是孩子们了解和掌握人工智能技术的好工具。

本书首先介绍了 VEX 机器人的硬件组成模块，接着讲解了 C 语言的基础知识，然后选用适合中小学生使用的 RobotC 开发环境，一步步讲解了利用 RobotC 进行编程开发的技巧，再深入到控制算法的使用，最后通过一系列有趣的机器人设计开发案例加以运用，由点到面给孩子以启发。

本书力图拓宽学生的视野，将学科知识与项目活动相结合，从而成为中小学生 STEM 教育课程的一种尝试与探索。本书适合机器人爱好者、中小学生创客师生等自学使用，也可作为相关培训机构的教学参考用书。

图书在版编目（CIP）数据

VEX 机器人创新编程设计：基于 RobotC / 李哲，罗强，王天威编著. —北京：化学工业出版社，2020.1

ISBN 978-7-122-35329-0

Ⅰ. ①V… Ⅱ. ①李… ②罗… ③王… Ⅲ. ①机器人-程序设计 Ⅳ. ①TP242

中国版本图书馆 CIP 数据核字（2019）第 223091 号

责任编辑：耍利娜　　文字编辑：吴开亮　　美术编辑：王晓宇
责任校对：边　涛　　装帧设计：水长流文化

出版发行：化学工业出版社（北京市东城区青年湖南街 13 号　邮政编码 100011）
印　　装：北京瑞禾彩色印刷有限公司
710mm×1000mm　1/16　印张 13　字数 230 千字　2020 年 1 月北京第 1 版第 1 次印刷

购书咨询：010-64518888　　售后服务：010-64518899
网　　址：http://www.cip.com.cn
凡购买本书，如有缺损质量问题，本社销售中心负责调换。

定　　价：59.00 元

前言

随着科学技术的快速发展，机器人已经从科学家的实验室走进了学校的课堂，机器人教育正成为国际教育界关注的热点。开展机器人教育，能够促进学生的全面发展，在科学、技术、工程和数学（STEM）上的潜能会被激发出来，加深对电学、力学、机械原理、数学思维等知识的了解与运用，更可以培养学生的思维创新与动手能力，帮助他们发现自己的价值。

机器人是现代技术特别是信息技术发展的综合体现，是中小学技术课程和综合实践课程的良好载体。让我们在机器人的世界里学习更新的知识，寻找更多的乐趣，展示我们的才能，表达我们的创意。

VEX机器人竞赛是美国国家航空航天局（NASA）、美国易安信公司（EMC）、亚洲机器人联盟（Asian Robotics League）、雪佛龙、德州仪器、诺斯罗普·格鲁曼公司等大力支持的项目。VEX机器人设计系统把竞争的灵感提升到新的水平。它可用作课堂机器人教学平台，是为促进机器人学和STEM教育知识的进步而设计的。VEX给教师和学生提供了一个适于课堂和赛场使用，且拥有最新水平的机器人系统。VEX机器人中预制和易成形金属构件的创新使用，再加上动力强大的和用户可编程的微处理器控制，使用户拥有无限的设计可能。

本书是一本VEX与RobotC结合的机器人编程基础教程。对于想要接触VEX机器人的朋友们，本书能够帮助你少走弯路，更快入门。

本书主要有如下特色：

1. 本书凝聚了编著者指导学生参赛的诸多经验，系统总结了在RobotC软件中利用C语言对VEX机器人进行编程和设计的方法、技巧及注意事项；

2. 丰富有趣的实战案例让你更直观更具体地感受VEX机器人的魅力和乐趣，同时能够发挥你的想象力，通过编程设计自己的机器人系统，控制它实现各种各样的功能；

3. 全彩图解的形式，通俗易懂的语言，同时提供书中全部源程序下载，给读者带去更好的学习体验。

本书由李哲、罗强、王天威编著。此外，新疆乌鲁木齐市教育局的黄涛，新疆乌鲁木齐市第八中学的屈小蕉、张文慧，新疆师范大学附属中学的赵长露，新疆库车县第二中学的郭春林、吴美英，新疆乌鲁木齐市水磨沟区校外活动中心的蒋娜、徐浩、徐瑞、王明、刘澄，新疆乌鲁木齐市水磨沟区教育局教研室的刘成名，新疆克拉玛依市南湖小学的刘江，新疆伊宁市第一小学的李麟，新疆生产建设兵团第一中学的侯健，新疆生产建设兵团第二中学的谭中豪，新疆生产建设兵团第三中学的蒲飞，新疆生产建设兵团第十二师高级中学的龚文兵，三联教育的江月，北京电子信息技师学院的杨子郁，北京市丰台区少年宫的朱兵、张柏青、李怡，北京市丰台区云岗青少年科技站的马骏，北京市丰台区丰台第五小学的顾劲松、郝劲峰、孔刘媛、吴嘉宝、张萌、陈慧，四川省电子科技大学实验中学的敬绍辉、张平福、段绪勇、洪鸣，均为本书的资料整理、审稿校稿等工作提供了大量帮助。

由于时间和水平有限，书中仍不免存在不妥之处，还望广大读者批评指正。

编著者

书中程序源代码下载

目录

第1章 VEX机器人介绍

第2章 RobotC教程

第3章 机器人C语言基础

第4章 机器人实用算法

第5章 PID控制算法通俗讲解

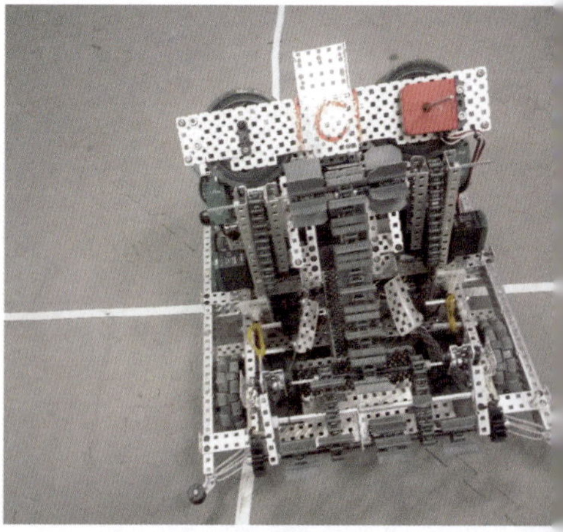

第1章 VEX机器人介绍

机器人教育与竞赛基金会举办的VEX机器人竞赛是一项激励全球千万学生的教育活动。虽然目前世界上现有许多机器人比赛，但是VEX机器人用户群体对举办以及方便参与的新挑战比赛有着强烈需求。

VEX机器人设计系统把竞争的灵感提升到新的水平。它可用来作为课堂机器人教学平台，是为促进机器人学和STEM教育知识的进步而设计的。VEX给教师和学生提供了一个适于课堂和赛场使用，且能负担得起、结实耐用、最新水平的机器人系统。VEX机器人中预制和易成形金属构件的创新使用，再加上一个动力强大和用户可编程的微处理器控制，使用户拥有无限的设计可能。

VEX机器人是美国国家航空航天局（NASA）、美国易安信公司（EMC）、亚洲机器人联盟（Asian Robotics League）、雪佛龙、德州仪器、诺斯罗普·格鲁曼公司等大力支持的机器人项目。用户可以大胆发挥自己的创意，根据当年发布的规则，用手中的工具和材料创作出自己的机器人。

VEX机器人比赛要求参加比赛的代表队自行设计、制作机器人并进行编程。参赛的机器人既能进行自动程序控制，又能通过遥控器控制，并可以在特定的竞赛场地上，按照一定的规则要求进行比赛活动。2006年中国科协将此项目引入我国，在中国青少年机器人竞赛中设置 VEX 机器人竞赛的目的是激发我国青少年对机器人技术的兴趣，为国际 VEX 机器人竞赛选拔参赛队。

比赛分手动和自动两种机器人比赛，互动性强，对抗激烈，惊险刺激，突出机械结构、传动系统的功能设计，实现创意设计和对抗性比赛的最佳结合，将项目管理和团队合作纳入考察范围，重视竞争和结果，更重视体验过程，为参与者提供更真实的工程体验。

1.1 VEX常用传感器

1.1.1 数字量传感器

（1）光电编码器（optical encoder）

原理：

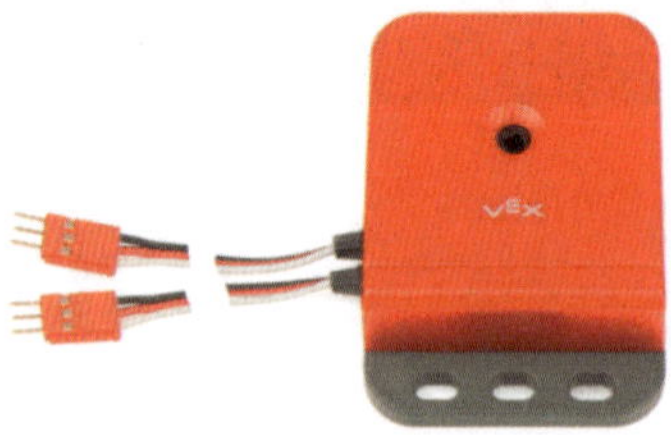
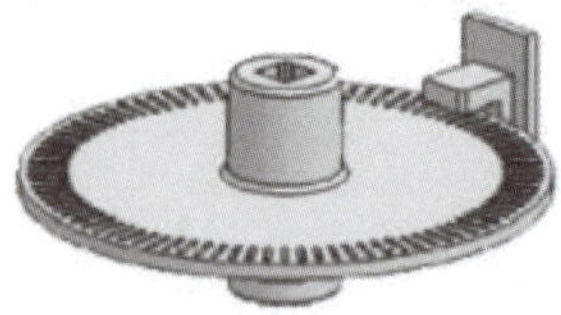

光电编码器主要由光栅盘和光电检测装置构成，光栅是四周有孔的圆形转盘。光电检测装置有一个红外发射管和红外接收管，安装在光栅的边缘。当光线穿过光栅的孔时，接收管接收到红外光线则输出电信号，当光栅旋转到没有孔的位置时，光线被挡住，接收管则不能接收到红外光线而输出另一种电信号。主控器根据这些信号计算旋转经过的孔的数量，从而可以计算出旋转过的角度。更多的原理请参考相关资料。

光栅盘中间有四方轴孔，轴的旋转带动光栅盘的旋转，再经光电检测装置输出电信号，并且可以看出，与角度传感器不同，编码器可以旋转任意大的角度。

安装：

通过将编码器安装到待测量的轴上，从而计算其旋转的角度。

用途：

可以根据编码器传感器的数值计算旋转的角度，并通过短时间内的角度做差计算出旋转速度。

（2）超声波传感器（ultrasonic sensor）

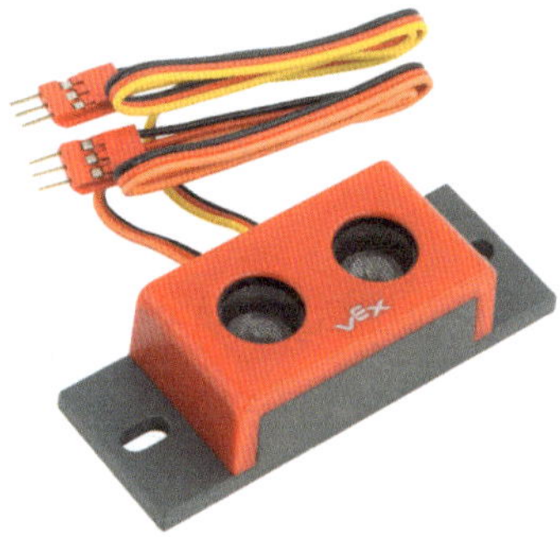

原理：

超声波传感器里有超声波发射器和超声波接收器，当发射器发出超声波后，遇到障碍物后发射到接收器上。计时器则记录从发射时刻到接收时刻的时间差来计算到障碍物的距离。超声波在空气中的传播速度为340m/s，根据计时器记录的时间t，就可以计算出发射点距障碍物的距离s，即$s = 340t/2$。

安装：

由于超声波利用的是声波的反射，因此安装超声波传感器时，尽量使传感器正对障碍物。

用途：

测量机器人与障碍物之间的距离。

（3）限位开关、触碰开关（limit switch、bumper switch）

原理：

限位开关的弹片有两个状态，按下或者松开。将传感器插入到主控中时，按下和松开限位开关的弹片，程序中可以读到两个不同的传感器数值。限位开关与碰撞开关在电路原理上完全一致，只是在外形和应用场景上有一些区别。

安装：

由于限位开关和触碰开关的触发需要接触，因此需要注意安装时机器人的运动能否触碰到传感器。同时也要注意不要过度按压防止损坏传感器。

用途：

通过程序判断机器人的部件是否运动到极限位置，常用于判断机器人的抬升是否到达最低处。

1.1.2 模拟量传感器

（1）角度传感器（potentiometer）

原理：

角度传感器内部实际上是一个旋转式的变阻器，通过旋转传感器中间的方孔改变接入到电路中的电阻，从而使得白线上输出对应的电压，主控器通过读取传感器的电压来判断方孔的角度。与光电编码器不同，角度传感器的数值是绝对量，机器人开机时传感器数值不会为0，其值由方孔的角度决定。

安装：

由于变阻器旋转存在两个极限位置，因此中间的方孔不能无限旋转，需要注意机器人的旋转轴的旋转角度在角度传感器的允许范围以内，防止损坏传感器。

用途:

测量旋转轴的角度。

(2)红外巡线传感器(line follower)

原理:

红外光在不同颜色的物体表面具有不同的反射强度,白色更容易反射红外光被传感器里的接收管接收;黑色则将大部分红外光吸收,接收管接收不到红外光。此时传感器根据接收到的反射回来的红外光而产生不同的模拟电压。连接在主控上时,主控根据此电压值就可以知道物体表面反射光的程度。

安装:

由于太阳光中也有红外光,会对红外巡线传感器造成一定的影响,并且红外巡线传感器发射的红外光有限,安装传感器时需要使传感器尽量接近物体表面,距离大约5mm。

用途:

可以根据传感器的数值判断扫描到的是黑线或者白线。

(3)光线传感器

原理:

光线传感器就是亮度传感器，传感器内部的接收感应器会根据接收到的光信号的亮度转变为对应电信号，程序中根据电信号来判断光线的亮度。手机中也有亮度传感器的应用，如手机可以根据外界光线的亮度自动调节手机屏幕的亮度。

安装:

注意不要挡住光线。

用途:

测量光线的亮度，使得机器人能够对光线的亮度做出反应。

（4）陀螺仪（gyro）

原理:

陀螺仪传感器即是角速度传感器。当陀螺仪旋转时，其白线上的电压与旋转速度成正比，主控根据电压计算出陀螺仪的旋转速度。同时在间隔相同的时间里，不断地将间隔时间与速度相乘后进行累计，得出陀螺仪旋转的角度。

安装:

VEX陀螺仪的Z轴垂直于陀螺仪的平面，安装时，陀螺仪的Z轴与待测量的旋转轴保持平行。例如测量机器人放在水平面上，机器人原地旋转时，旋转轴垂直于地面，此时陀螺仪的平面也应该水平安装到机器人上。同时陀螺仪正面朝地和反面朝地会造成机器人旋转时陀螺仪数值的正负不同，但是绝对值大小相同。

注意　机器人刚开机时，程序会对陀螺仪进行初始化，此时机器人需要保持绝对静止，不能触碰机器人，需要在主控与遥控连接完毕后等待几秒，否则机器人就算静止不动，陀螺仪的数值也会一直增大或者一直减小。

用途：

常用于测量机器人在平面上的旋转角度。

1.2 VEX主控

（1）数字量口（digital）

VEX主控上一共有12个数字量的接口，主要用于连接数字量的传感器，例如限位开关、超声波传感器、光电编码器等。同时，数字量接口还能够作为数字量输出口，用来驱动电磁阀、LED等。

（2）模拟量口（analog）

VEX主控上一共有8个模拟量的接口，主要用于连接模拟量的传感器，例如角度传感器、陀螺仪、加速度计等。模拟量接口只能作为传感器的输入接口，不能输出。

（3）电机输出口（motor）

VEX主控上一共有10个电机输出口，分别是port1～port10。port1和port10直接接口提供PWM波控制转速和方向。port2～port 8则需要通过电机控制器（motor controller）来实现port1和port10的功能。

（4）I^2C接口

I^2C接口主要是用来连接集成编码器的应用。集成编码器是将传感器直接安装在电机后盖上，通过将电机的后盖齿轮更换成有黑白间隔的条纹齿轮来计算电机旋转的圈数，因此，和光电编码器不同，集成编码器不需要增加外部齿轮。

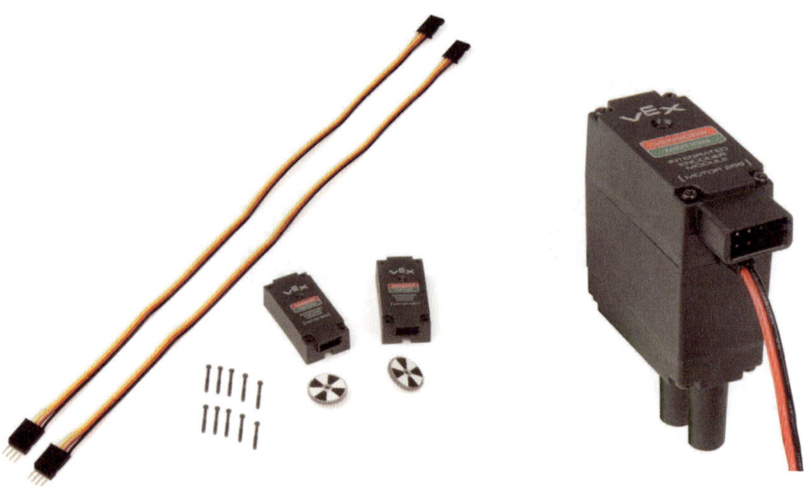

（5）UART口

UART应用接口主要是用来连接LCD（液晶显示屏），用于自定义显示字符，同时，LCD上还配置有3个按钮，可以自定义功能。

（6）SP接口

SP接口是接口蜂鸣器专用接口，用来连接蜂鸣器进行模拟量输出。使用蜂鸣器可以播放自定义频率的音调，用作声音提示等功能。

1.3 VEX遥控

遥控器作为系统的输入部分，通过操控手操作遥控器来给机器人主控传送指令，主控根据指令再来执行程序规定的动作，从而达到控制机器人的目的。其中遥控有4组按键，每组按键由若干个按键组成。同时还配置有两个摇杆，两个摇杆分为4个通道。

1.3.1 模拟量控制

遥控的两个摇杆分为4个不同的通道，程序中命名分别是Ch1～Ch4。其中Ch1为右摇杆的左右，Ch2为右摇杆的前后，Ch4为左摇杆的左右，Ch3为左摇杆的前后。程序中，摇杆的值为模拟量，且为整数，范围－127～127，拨动摇杆时，通道的值上正下负，左正右负，摆正为0，拨动幅度越大，绝对值越接近127。

1.3.2 数字量控制

遥控上一共4组按键，其中5和6组分为上下（Up、Down）两个按键，程序中名字分别是Btn5U、Btn5D、Btn6U、Btn6D。而7和8组包括Btn7U、Btn7D、Btn8U、Btn8D，同时还包括了左右（Left、Right）两个按键，分别是Btn7L、Btn7R、Btn8L、Btn8R。程序中，遥控按键的值数字量，值为0或者1。其中按下按键时值为1，未按下则为0。

1.3.3 伙伴遥控

伙伴遥控通过电话线与主遥控进行连接，从而实现用两个遥控器来控制一台机器人的目的。

1.4 Wi-Fi模块

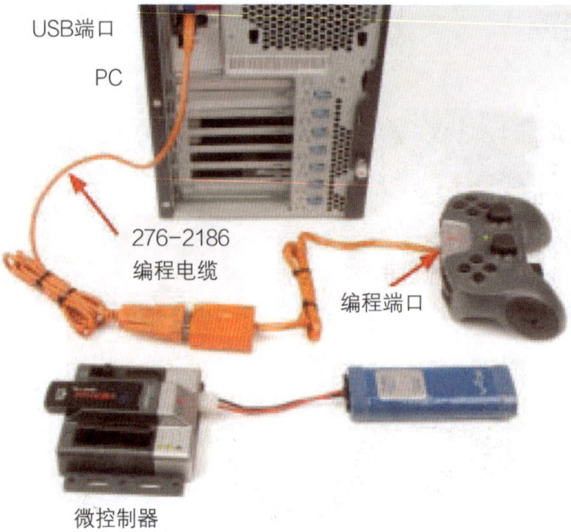

Wi-Fi模块安装在主控和遥控上，从而将遥控的数据通过无线的方式发送到主控。同时，还能够使用下载线连接遥控器，通过无线的方式下载程序到主控中，并能无线调试。

1.5 电动系统

1.5.1 电机

393型号电机是VEX机器人的基础动力，用于底盘、抬升、夹取等动作。同时，电机还有替换的齿轮组，从而组合出不同减速比，用以改变电机输出的力矩和速度。

1.5.2 电机控制器

电机控制器是用来给电机提供能源的器件，主控上只有1号和10号端口能够直接驱动电机，而2～9号端口则需要使用电机控制器才能进行控制。其作用是根据主控的信号给电机输出相应的功率。

1.5.3 电源扩展器

VEX电源扩展器使用主控四个PWM输出添加二次电源，其作用是利用第2个电池，将主控上的电机功率转移到电源扩展器上，平衡机器人的电机负载，以延长机器人运行时间并提高性能。

1.6 气动系统

气动系统是为以压缩气体为工作介质，它通过各种元件组成不同功能的基本回路，再由若干基本回路有机地组合成的整体，进行动力或信号的传递与控制。

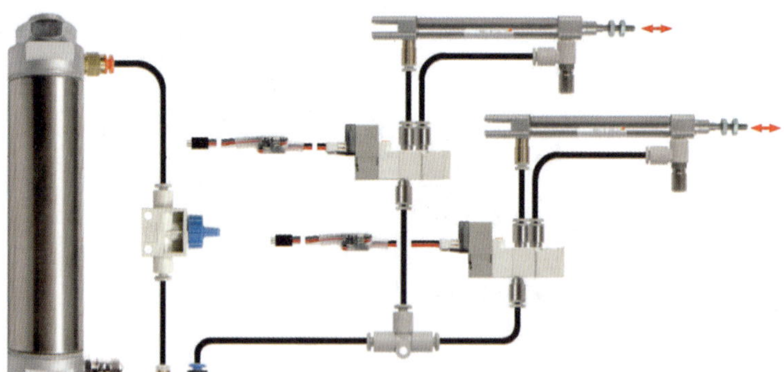

由气动系统可以组成多种气动结构，例如气动机械爪等。气动系统的特点就是运动为直线运动，当气压足够时，活塞只有两个位置，且位置也非常准确。

1.6.1 气动配件

气动系统中，配件有很多，例如气瓶、气管、气嘴、开关、限流阀、单向阀等，其中气瓶作为储气罐，用来存储预先压入的气体。气管连接气瓶和电磁阀，是气体的流动管道。气嘴是连接气管的气缸的器件的接头。

1.6.2 气缸

气缸是气压传动中将压缩气体的压力能转换为机械能的气动执行元件，由缸筒、端盖、活塞、活塞杆和密封件等组成。活塞杆是气缸中最重要的受力零件。

1.6.3 电磁阀

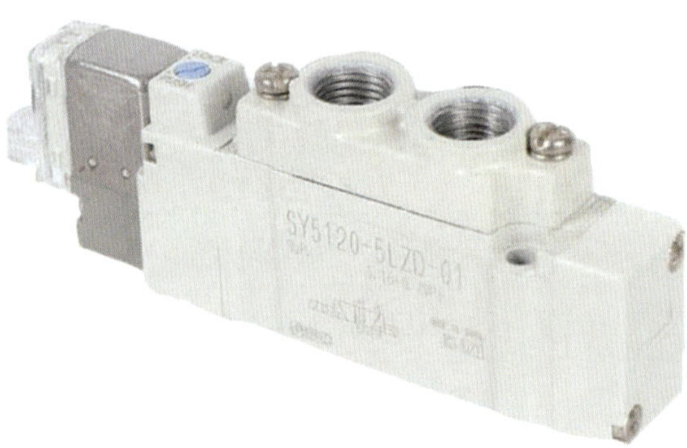

电磁阀是用电磁控制的器件，由电磁线圈和磁芯组成，是包含一个或几个孔的阀体。当线圈通电或断电时，磁芯的运转将导致流体通过阀体或被切断，以达到改变流体方向的目的。

电磁阀线圈的通电或者断电可以通过程序来改变，因此，电磁阀是实现气动系统自动控制的关键。

第2章 RobotC教程

2.1 RobotC简介

RobotC是由卡耐基梅隆大学（Carnegie Mellon University，CMU）机器人学院研发的基于C语言的机器人开发环境，与市场上众多的乐高机器人开发环境相比，其优势非常明显，主要体现在以下几个方面。

（1）功能完备

RobotC拥有编写和调试文本程序的所有功能和成熟的机器人程序设计调试工具。在文本编辑方面它具备丰富的文字编辑功能，例如全文格式化、全部工程文件查找等。在调试方面，它能将每一个细节都展示出来，例如传感器、电机、全局变量等的实时值，并能打印信息到电脑，给用户最大限度的实时调试功能。另外，在多任务、多媒体、无线连接等方面提供了良好的支持，同时还提供了基于电脑的模拟器，在没有机器人的情况下，能够在电脑上运行不需要实物机器人的程序。

（2）体积小巧

它的界面简洁朴素，只有简单而且必要的但完全足够使用的功能菜单，这非常节省资源。这样的软件即使在5年甚至更早以前购置的PⅢ500MHz的CPU和只有128MB内存的台式计算机或者笔记本计算机上都能够轻松地运行。

（3）便捷直观

它将编译和下载功能融合在一个F5快捷键上。下载完程序后自动出现的调试窗口可以迅速直观地展示程序运行的内部情况。同时可以单步调试程序，便于了解程序运行的过程。

（4）扩展性好

RobotC语言支持LEGO MINSTORMS（包括LEGO扩展套件TETRIX和MATRIX）、Arduino、VEX、VEX IQ等多种机器人平台。同时还支持机器人虚拟世界，即使没有机器人也能感受到编程的乐趣。

（5）实用价值高

C语言是国内大部分理工科高校学生学习程序设计的必修入门语言，掌握RobotC语言就能预先为以后学习C语言打下基础。

2.2 软件及驱动安装

软件下载地址http://www.robotc.net/主页的Download下拉菜单里，版本有3.x和4.x，其中4.x版本对图像化编程支持更好一些。本教程里使用的是3.65版本。

直接下载地址：http://www.robotc.net/release/vexrobotics/

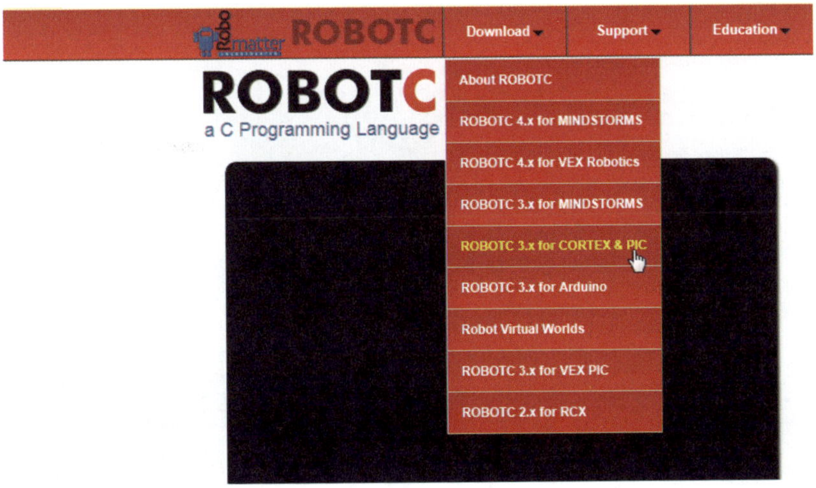

2.3 界面认识

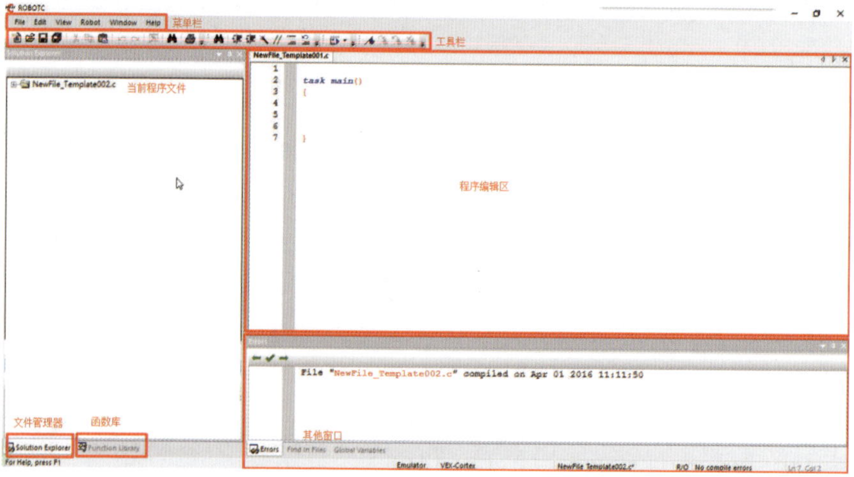

界面的摆放可以通过鼠标拖动来调整。可以在View菜单栏下，手动打开窗口，例如查找窗口等。

2.4 RobotC软件设置

本书中的内容需要将RobotC中的平台设置为VEX Cortex，步骤为：点击菜单栏中Robot—Plateform Type—VEX 2.0 Cortex，并建议去掉勾选Natural Language。

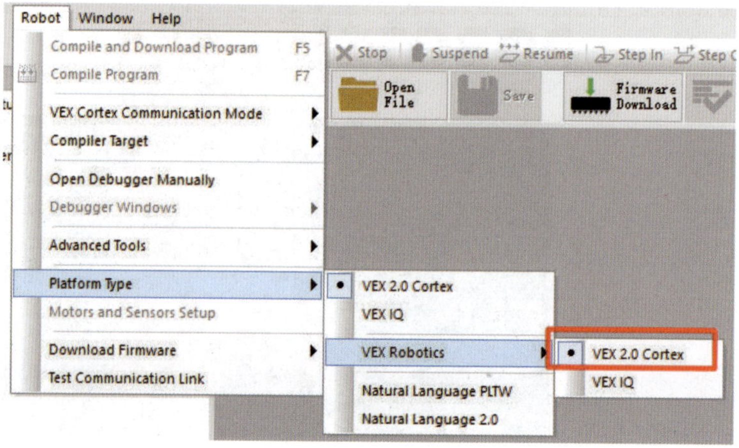

同时还需要将菜单等级设置为最高，步骤为：点击菜单栏中Window—Menu Level—Super User。

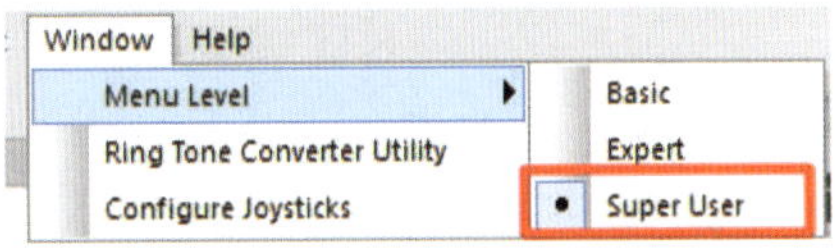

同时需要将软件的编译目标设置为实物机器人，步骤为：点击菜单栏中Robot—Compiler Target—Physical Robot。

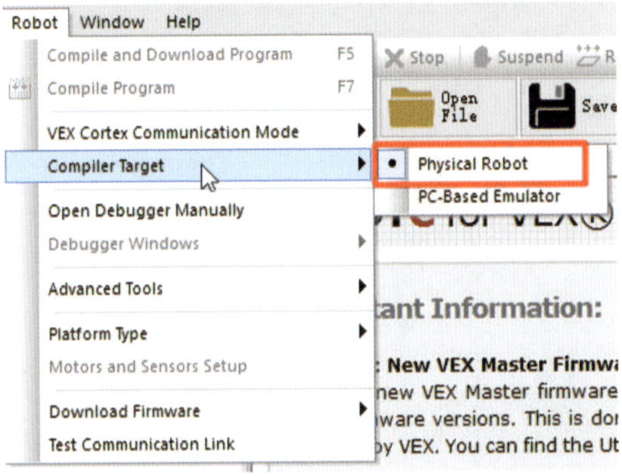

2.5 新建c和h文件

点击菜单栏的file—New File，或者快捷键，或者工具栏的新建文件图标，然后保存，此时文件修改名并保存为c文件或者h文件，后缀可以修改。如下图文件名为test.c。

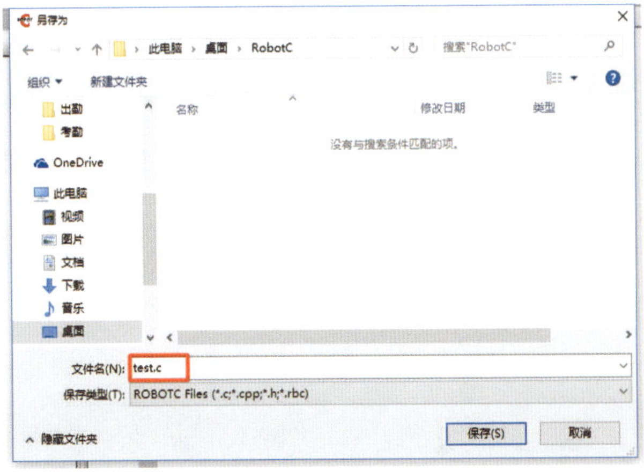

这时可以看到文件管理器下存在test.c文件，展开 + 号可以看到，文件夹自动包含了很多系统文件，这些文件就是RobotC的库文件，是不能修改的，否则会出问题。

注意　RobotC 4.x版本中的头文件库窗口不会自动显示，可以通过快捷键Ctrl + L打开和关闭。

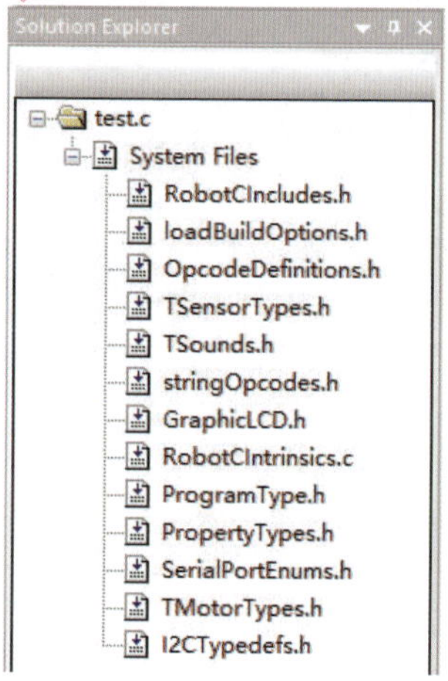

2.6 下载程序

2.6.1 机器人连接电脑

下载支持两种方式：一种是通过下载线连接遥控下载；另一种是通过双头USB线直接连接主控和遥控下载。

通过下载线连接遥控下载时，可在电脑端控制机器人的运行和停止，并且可以实时地观察到机器人的运行状态，方便调试。

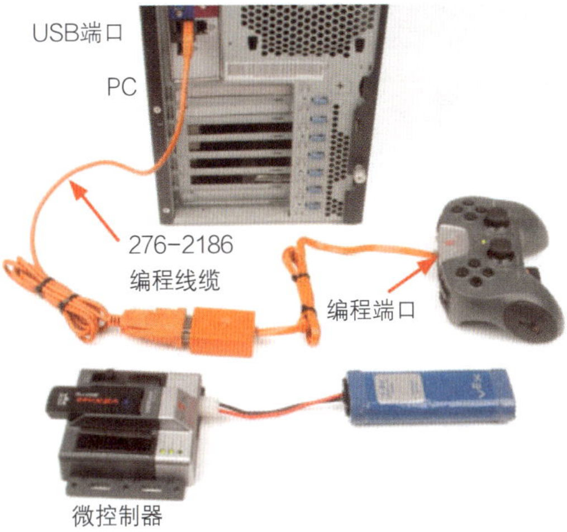

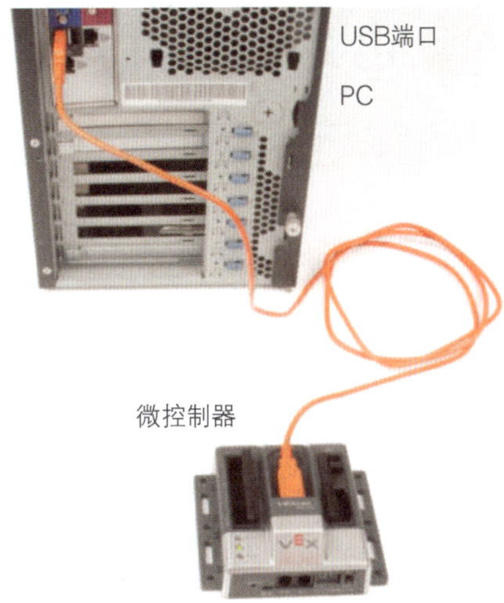

2.6.2 下载并运行程序

连接机器人与电脑之后，就可以下载程序。下载的快捷键为F5。如果只需要编译而不需要下载，则快捷键为F7。

程序下载完毕后会自动弹出控制面板。通过连接遥控下载时，点击“Start”后程序开始运行。程序运行时点击“Stop”后程序停止运行。

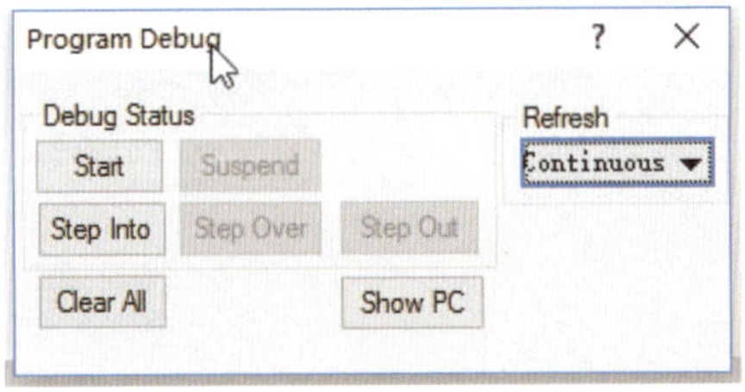

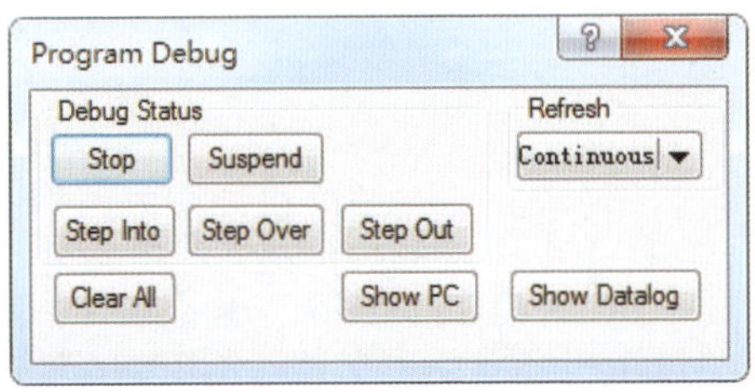

2.7 定义主控接口

只有在程序中正确地定义了主控接口，程序中才能正确使用相应的接口。比如数字接口接电磁阀但是程序中却错误地设置成了输入，则电磁阀不能正常工作。

定义主控接口的过程：菜单栏Robot—Motors and Sensors Setup，出现设置窗口。

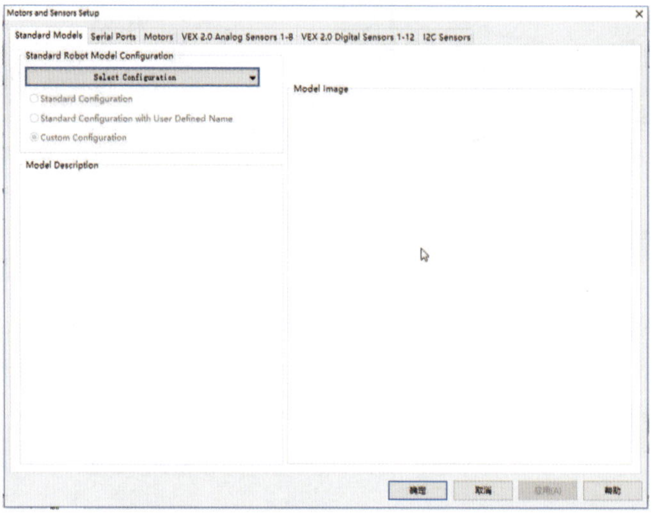

定义好后，程序中会出现自动生成的代码，此时双击这些代码可以弹出接口定义窗口。

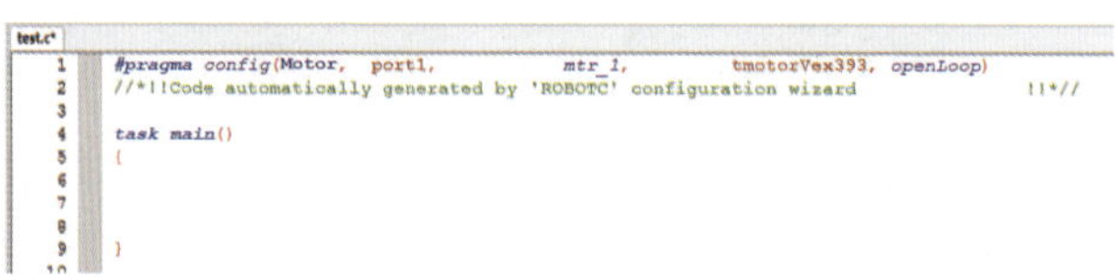

2.7.1 电机接口

VEX有10个电机接口，其中2～8需要电机控制器，1和10可以直接连接电机控制。

Name：每一个电机接口可以取一个别名，图中mtr_L就与port2等效，在程序中就可以直接使用。

Type：电机类型，一般选择VEX 393 Motor即可。

Reversed：反向，如果需要电机转动方向取反，则勾选。

Encoder Port：编码器绑定，如果电机上接有编码器，则可以和电机绑定。例如程序中就可以使用nMotorEncoder[mtr_L]来获取编码器I2C_1的值。当然SensorValue[I2C_1]也可以使用。

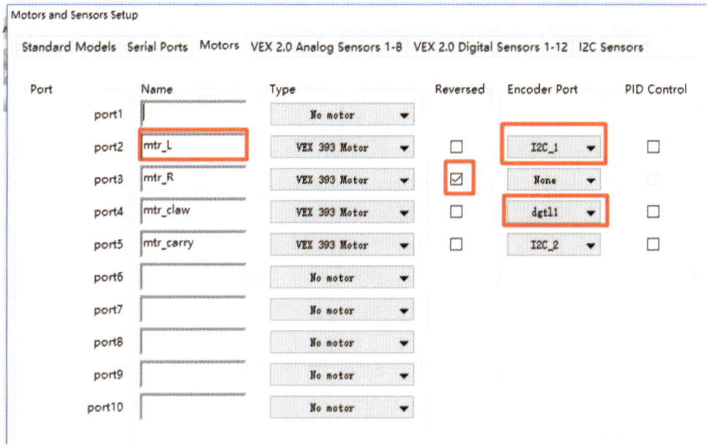

2.7.2 模拟量接口

VEX模拟量接口只能作为输入，接口类型都是传感器。

模拟量接口的传感器的类型有很多种：无传感器、模拟传感器、角度传感器、光线传感器、巡线传感器、陀螺仪、加速度计。其中无传感器就是接口未接任何传感器。

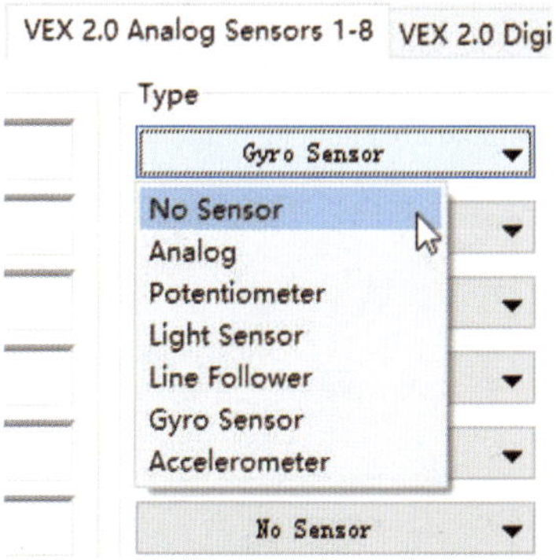

其他的传感器都可以直接设置为Analog，只有陀螺仪作为模拟量的传感器必须设置为Gyro Sensor，这是因为陀螺仪在程序中需要RobotC在程序中自动地做一些必要的初始化，就像数字量的编码器。

Name：传感器接口名字，接口也可以取一个别名，模拟量1号口（in1）设置为Gyro Sensor，并取别名gyro，这样在程序中in1和gyro等效，可以使用SensorValue[in1]或者SensorValue[gyro]来读取陀螺仪的值。

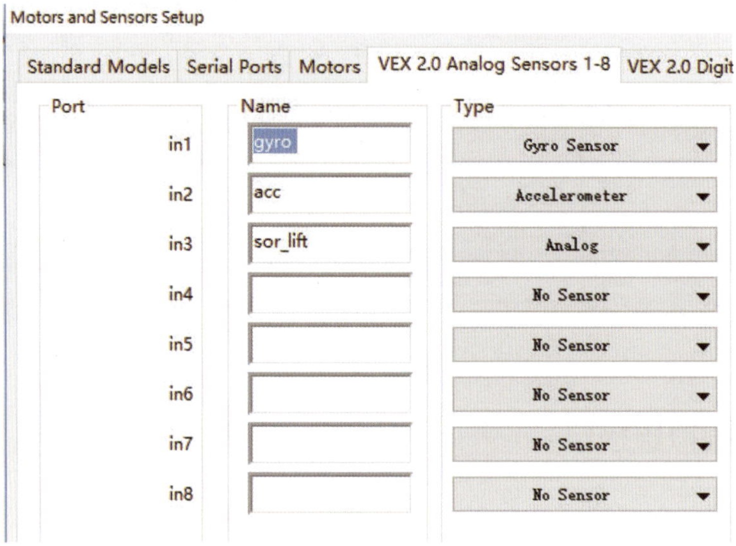

2.7.3 数字量接口

数字量接口既可以设置为输入，也可以设置为输出。

数字量接口的类型有很多种：无传感器、触碰传感器、指南针传感器（VEX目前没有）、正交编码器（双向编码器）、单向编码器、LED、数字输入、数字输出、数字高阻抗（不常用）、超声波。

> **注意** 数字量接口类型定义中的数字输出（Digital Out）不是传感器。RobotC中是为了统一接口，将其和其他传感器类型都放在Type的下拉菜单中。

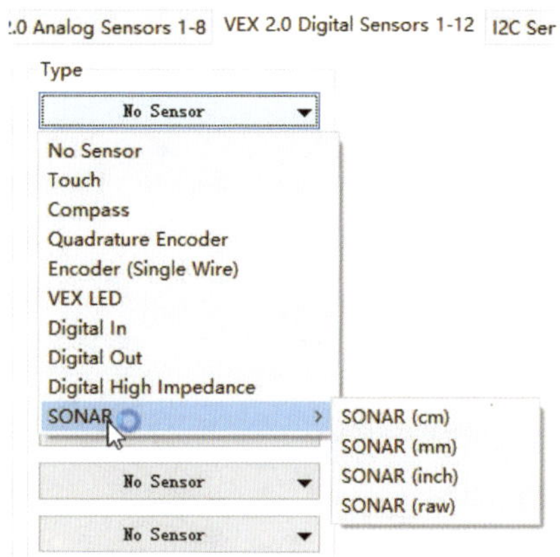

Quadrature Encoder：双向编码器，某一个接口设置为双向编码器后，挨着的后一个接口会自动设置为Quad Encoder 2nd Port。接线时一根线接1号数字口，另外一根线必须接2号口（两根线可以任意接，反接只会影响编码器的方向）。

SONAR：超声波传感器，某一个接口设置为超声波后，挨着的后一个接口会自动设置为SONAR 2nd Port。超声波的输入线Input需要接在3号数字口，输出线Output接在4号数字口，两根线不能反接。

Digital In：数字输入，限位开关，触屏传感器等二进制传感器都可以设置为数字输入。只是在VEX中，它和Touch的区别是：Touch在按下传感器时的值是1，而Digital In的是0。

Digital Out：数字输出，用来控制有两种状态的执行元件，例如LED、电磁阀。

Name：传感器名字，也是接口的别名。图中dgtl1和enc_move、dgtl3和sonar_back、dgtl5和limit_height、dgtl8和led_blue均等效。

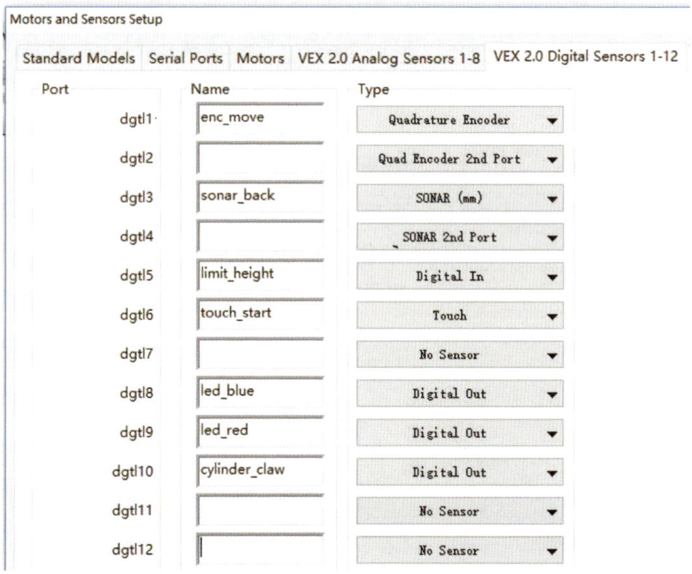

2.7.4 I²C接口

I²C接口主要用于集成编码器。

接线方式为链式连接，4 pin线公头端连接主控，而母头端连接集成编码器的公头孔，此编码器为I2C_1。从I2C_1编码器的母头孔再接出去的编码器为I2C_2，依次类推。最多可以连接8个集成编码器，即最多到I2C_8。

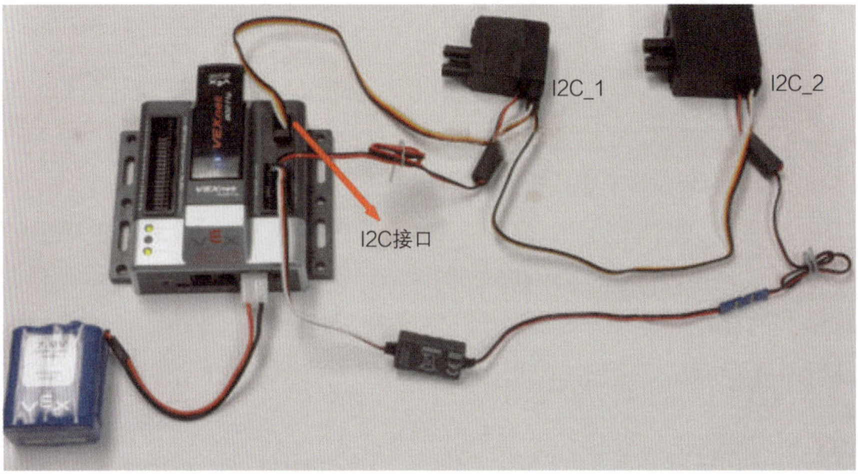

接线完了之后，将I²C集成编码器与电机绑定。

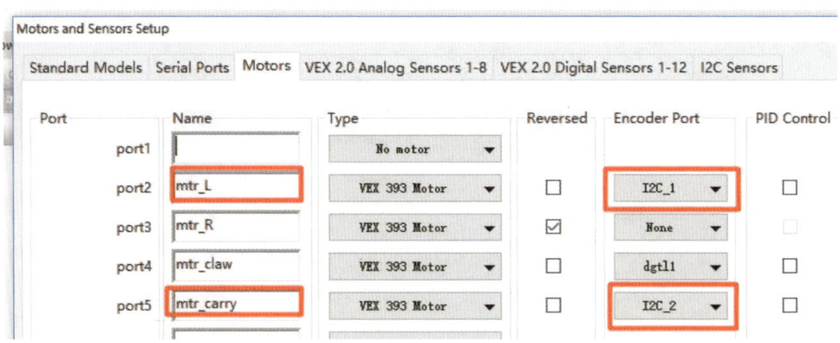

在接口与电机绑定后，Type会设置为默认的Quadrature Encoder，此处不需要修改。

在定义接口时，也可以给接口取别名，I2C_1和enc_L等效，I2C_2和enc_carry等效。程序中就可以使用nMotorEncoder[mtr_L]或者SensorValue[I2C_1]来获取编码器I2C_1的值。

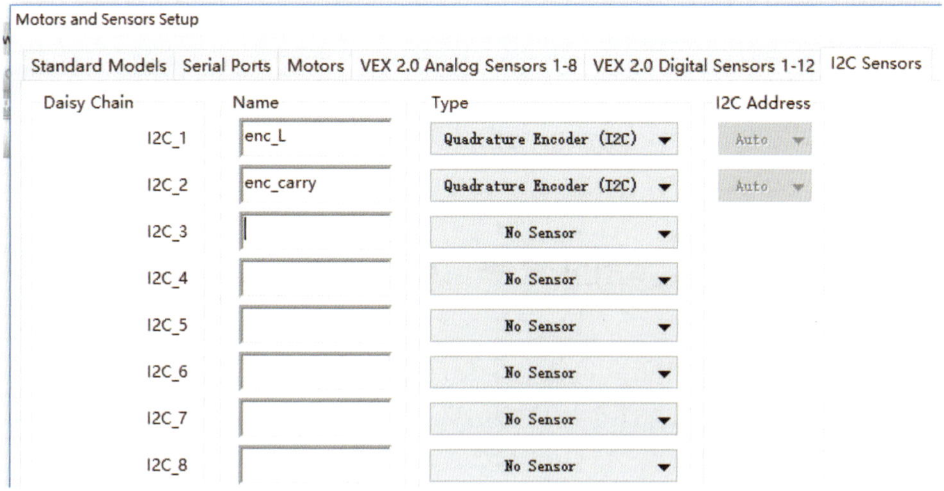

设置完后自动生成接口定义代码。

```
#pragma config(UART_Usage, UART1, uartVEXLCD, baudRate19200, IOPins, None, None)
#pragma config(UART_Usage, UART2, uartNotUsed, baudRate4800, IOPins, None, None)
#pragma config(I2C_Usage, I2C1, i2cSensors)
#pragma config(Sensor, in1,    gyro,           sensorNone)
#pragma config(Sensor, in2,    acc,            sensorAccelerometer)
#pragma config(Sensor, in3,    sor_lift,       sensorAnalog)
#pragma config(Sensor, dgtl1,  enc_move,       sensorQuadEncoder)
#pragma config(Sensor, dgtl3,  sonar_back,     sensorSONAR_mm)
#pragma config(Sensor, dgtl5,  limit_height,   sensorDigitalIn)
#pragma config(Sensor, dgtl6,  touch_start,    sensorTouch)
#pragma config(Sensor, dgtl8,  led_blue,       sensorDigitalOut)
#pragma config(Sensor, dgtl9,  led_red,        sensorDigitalOut)
#pragma config(Sensor, dgtl10, cylinder_claw,  sensorDigitalOut)
#pragma config(Sensor, I2C_1,  enc_L,          sensorQuadEncoderOnI2CPort,    , AutoAssign)
#pragma config(Sensor, I2C_2,  enc_carry,      sensorQuadEncoderOnI2CPort,    , AutoAssign)
#pragma config(Motor,  port2,           mtr_L,         tmotorVex393, openLoop, encoder, encoderPort, I2C_1, 1000)
#pragma config(Motor,  port3,           mtr_R,         tmotorVex393, openLoop, reversed)
#pragma config(Motor,  port4,           mtr_claw,      tmotorVex393, openLoop, encoder, encoderPort, dgtl1, 1000)
#pragma config(Motor,  port5,           mtr_carry,     tmotorVex393, openLoop, encoder, encoderPort, I2C_2, 1000)
//*!!Code automatically generated by 'ROBOTC' configuration wizard               !!*//

task main()
{

}
```

2.7.5 UART接口

VEX主控有2个UART口（串口），常用在LCD上，将UART1口设置为VEX的LCD。此时程序中关于LCD的打印的函数就可以通过UART1口打印到LCD上。

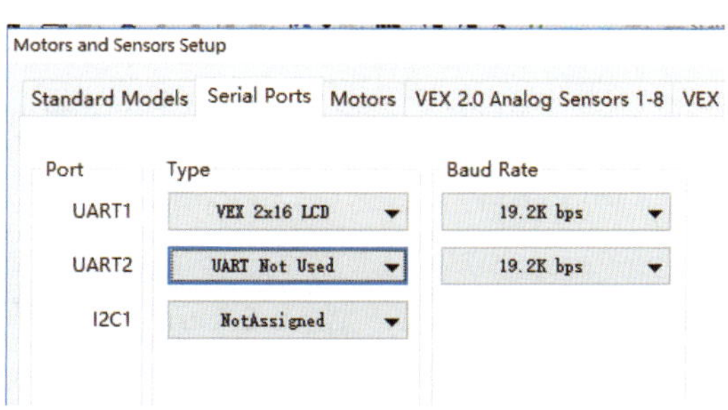

2.7.6 SP接口

SP接口是专门用来接蜂鸣器（speaker）的，是主控上唯一的模拟量输出口。使用蜂鸣器时接口不用定义，程序中可以直接使用。

2.8 设置电机转动的功率motor[ ]

motor是一个数组变量名，一共有10个成员，分别是motor[port1]~motor[port10]，存储着10个电机的功率，既可以写入，也可以读取。其中port1~port10为数组的下标，值为0~9。

2.8.1 电机功率与转动关系

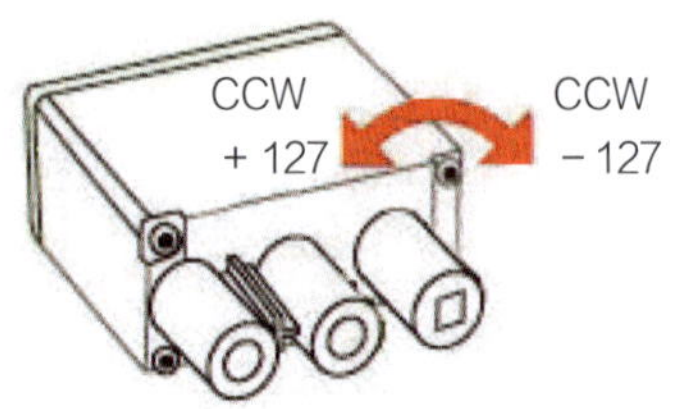

电机设置的功率范围为－127～＋127。其中，功率为正时，面对电机的输出轴，电机逆时针转动；功率为负时，则顺时针转动；功率为0时，则停止转动。绝对值越大，转动越快。

实际中，电机在不带负载时，由于存在内部阻力，功率绝对值设置为20以上才开始转动。当绝对值小于20时，电机转不动，但是用手拨动电机输出轴会有明显单方向的阻力。例如设置功率为10，则逆时针拨动输出轴很轻松，顺时针则较困难。

当电机功率设置为某一个值后，则该功率值保持不变，即电机转动的功率也不会变，直到下一次修改为其他值。例如设置功率为50，则电机功率保持为50，电机会一直转动，直到重新设定为0或者程序中main函数运行完毕。

2.8.2 控制电机功率

给某一个接口的电机设置功率，只需要修改数组motor对应的成员的值即可。

例如给电机5号口设置功率为50，程序为：

```
motor[port5] = 50;
```

而由于给port5取了别名mtr_carry，因此等效于：

```
motor[mtr_carry] = 50;
```

使用别名方便记忆和理解，且改变接线时，只需要修改接口定义，程序不需要修改，例如需要将电机从5号口改到6号口，只需要修改接口定义，mtr_carry改到port6即可，而不需要将程序中所有的port5改成port6，因此建议给电机口都取别名，并且程序中都使用别名。

注意 RobotC为了防止用户出错，当给电机的功率值超过127时，程序会只给127，超过－127时给－127。

例 2-1

设置电机的功率值。

---示例程序开始---

```
#pragma config(Motor, port2, mtr_move_LF, tmotorVex393, openLoop)
#pragma config(Motor, port3, mtr_move_RF, tmotorVex393, openLoop)
#pragma config(Motor, port5, mtr_move_LB, tmotorVex393, openLoop)
#pragma config(Motor, port6, mtr_move_RB, tmotorVex393, openLoop)
//*!!Code automatically generated by 'ROBOTC' configuration wizard  !!*//
task main()
{
    motor[mtr_move_LF] = 127;
    motor[mtr_move_LB] = 127;
    motor[mtr_move_RF] = 127;
    motor[mtr_move_RB] = 127;
    while(1)
        wait1Msec(50);
}
```

---示例程序结束---

2.8.3 读取电机功率

在设置功率之后，有时候需要读取设置的功率。例如一个后台的任务可能修改了电机的功率，而在其他任务里需要知道设置的功率是多少，则需要读取motor这个数组。

（1）直接使用

1:

```
writeDebugStream ("power = %d\n",motor[mtr_carry]) ;
```

2:

```
if (motor[mtr_carry] > 50)
{…}
```

（2）传递给其他变量

```
int power;
power = motor[mtr_carry];
```

2.9 延时函数

延时在机器人程序中用得很多，主要是用来等待一段时间程序才继续向下运行，常用来让机器人的某一个状态持续一段时间，比如前进2s。

RobotC提供的延时函数有2个。

1ms级延时:

```
void wait1Msec (int nMSec);
```

10ms级延时:

```
void wait10Msec(int nTenMSec);
```

例如等待1s，即1000ms，程序为:

```
wait1Msec（1000）;//或者wait10Msec（100）;
```

例 2-2

使用延时函数，让机器人电机转动指定时间。

---示例程序开始---

```
task main()
{
    wait1Msec(1500);//开机后等1500ms

    motor[mtr_carry] = 50;//电机开始转动
    wait1Msec(1000);//50的功率转动持续1000ms

    motor[mtr_carry] = 0;//电机停止转动
    wait10Msec(50);//停止转动50×10ms = 500ms

    motor[mtr_carry] =-127;//反向全速转动
    wait1Msec(3000);//持续3000ms

    motor[mtr_carry] = 0;//最后停止转动。
//没有这一句电机也会停止转动，因为main函数到这里就结束了
}
```

---示例程序结束---

2.10 使用遥控器vexRT[ ]

vexRT是一个数组变量名，存储了关于遥控的按键和摇杆的状态信息，只能读取，不能写入。其成员有多个，RobotC给这些下标都定义了简单易记的名字。

2.10.1 获取按键的值

遥控多个按键（Down、Left、Up、Right）形成一个按键组，5、6号按键组有2个按键，在数组vexRT的下标编号的别名分别是Btn5D、Btn5U和Btn6D、Btn6U。7、8号组有4个按键，分别是Btn7D、Btn7L、Btn7U、Btn7R和Btn8D、Btn8L、Btn8U、Btn8R。切记是Btn，而不是btn，B大写。

遥控按键的值为数字量，为0或者1。其中按下按键时值为1，未按下则为0。

获取按键值的方法是读取对应的成员在数组vexRT中的值。程序为:

```
btn_value = vexRT[Btn_n_x];
```

其中Btn_n_x为n号按键组的x键。

例如读取5号按键组的Up键，则程序为:

```
btn_value = vexRT[Btn5U];
```

例 2-3

使用按键控制电机。

---示例程序开始---

```
task main ( )
{
    while ( 1 ) //大循环
    {
        if ( vexRT[Btn5D] = = 1 ) //Btn5D按下
        {
```

```
            motor[rightMotor] = 50;//转动'rightMotor'
            motor[leftMotor] = 50;//转动'leftMotor'
        }
        else
        {
            motor[rightMotor] = 0;//停止'rightMotor'
            motor[leftMotor] = 0;//停止'leftMotor'
        }
    }
}
```

---示例程序结束---

2.10.2 获取摇杆的值

一个摇杆有两个方向的模拟量，分别是水平和竖直方向，程序中称一个方向为一个通道。1号通道Ch1为右摇杆的水平方向，2号通道Ch2为右摇杆的竖直方向。3号通道Ch3为左摇杆的竖直方向，4号通道Ch4为左摇杆的水平方向。

Ch1别名为vexJSRightH，Ch2别名vexJSRightV，Ch3别名vexJSLeftV，Ch4别名vexJSLeftH。

摇杆的值为模拟量，且为整数，范围－127～127，拨动摇杆时，通道的值上正下负，左正右负，摆正为0，拨动幅度越大，绝对值越接近127。这与电机能够接受的功率值范围相同。

获取摇杆值的方法是读取对应的成员在数组vexRT中的值。程序为:

```
Ch_value = vexRT[Ch_x];
```

其中x为x号通道。

例如读取左摇杆的数值通道Ch3，则为vexRT[Ch3]，或者使用Ch3别名vexJSLeftV，即:

```
Ch_value = vexRT[vexJSLeftV];
```

例 2-4

使用摇杆来控制电机。

---示例程序开始---

```
task main ( )
{
    while (1)
    {
        motor[mtr_carry] = vexRT[Ch3];//获取摇杆的值然后赋值给电机的
功率
    }
}
```

---示例程序结束---

2.10.3 获取遥控内置加速度计的值

VEX的遥控中内置了2轴加速度计，分别是*X*轴和*Y*轴，在vexRT中的下标名字为AccelX和AccelY。获取加速度计值是读取其在数组vexRT中对应的成员值，例如vexRT[AccelX]，其值范围为－127～127。

例 2-5

通过遥控内置加速度计控制机器人。

---示例程序开始---

```
task main (void)
{
    int left, right;//电机功率临时变量
    int Ax, Ay;//遥控加速度计值临时变量
    while (1) //大循环
    {
```

```
        Ax = vexRT[AccelX];//获取加速度计X轴的值
        Ay = vexRT[AccelY];//获取加速度计Y轴的值

//底盘控制公式
        left = Ay- Ax;
        right = Ay + Ax;

//限制范围
        if(left > 127)
            left = 127;
        if(left < -127)
            left =-127;
        if(right > 127)
            right = 127;
        if(right < -127)
            right =-127;

//输出功率
        motor[mtr_L] = left;
        motor[mtr_R] = right;
    }
}
```

---示例程序结束---

2.10.4 获取伙伴遥控器的遥控数据

VEX运行两个遥控同时控制一个主控，第二个遥控成为伙伴遥控。下图所示，需要一根专门的连接线将两个遥控连接起来。

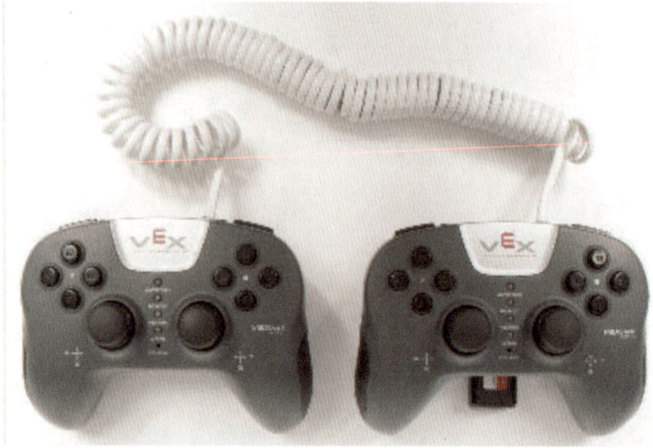

程序中获取伙伴遥控的数据与获取主遥控数据的方式相同，都是通过读取vexRT数组中对应的成员值。只不过伙伴遥控器所有的对应的下标名字都多了一个Xmtr2。例如主遥控5U按键的下标名字为Btn5D，伙伴遥控器则为Btn5UXmtr2；主遥控的Ch3，伙伴遥控器则为Ch3Xmtr2；主遥控的AccelX，伙伴遥控器则为AccelXXmtr2。

例 2-6

同时使用主遥控和伙伴遥控器的按键控制同一个机器人。

---示例程序开始---

```
task main(void)
{
    while(1)
    {
        if(vexRT[Btn5D] || vexRT[Btn5DXmtr2])//主遥控或者伙伴遥控的
5D按下
            motor[mtr_carry] = 127;
        else
            motor[mtr_carry] = 0;
    }
}
```

---示例程序结束---

2.11 使用传感器SensorValue[ ]

SensorValue是一个数组变量名，一共有28（8＋12＋8）个成员，分别是：模拟口8个，对应in1～in8（值为0～7）；数字口12个，对应dgtl1～dgtl12（值为8～19）；I^2C口8个，对应I2C_1～I2C_8（值为20～27）。

2.11.1 读取传感器值的方法

RobotC给每一传感器接口都在数组SensorValue中定义一个成员，SensorValue成员的值有可能是数字量0和1，也可能是模拟量，这是根据程序中主控接口的定义决定的。

要获取某一个接口对应的传感器的值，只需要通过读取其在SensorValue中对应的成员值即可。程序为：

```
value = SensorValue[port_x];
```

其中port_x可以是in1～in8、dgtl1～dgtl12和I2C_1～I2C_8，或者接口的别名。

例如，需要读取数字1号口的编码器的值，则使用SensorValue[dgtl1]，也可以使用dgtl1的别名enc_move，即SensorValue[enc_move]。

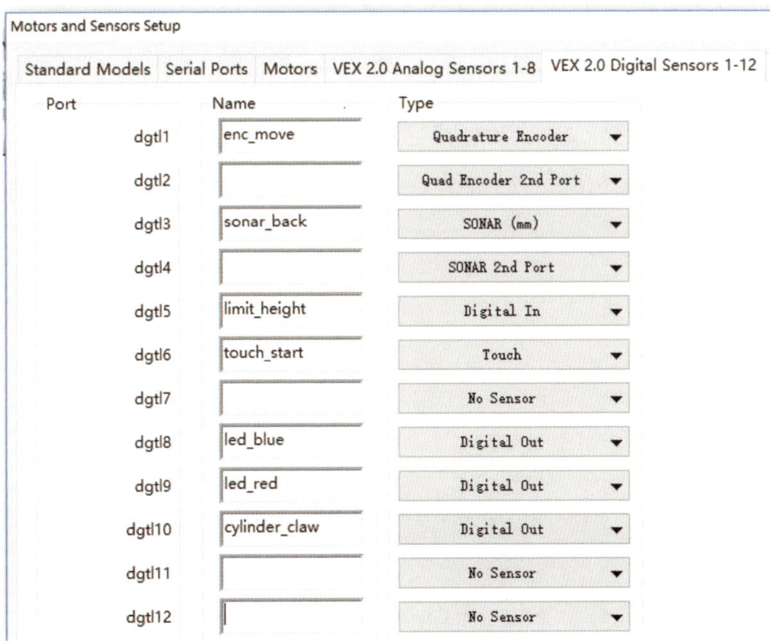

注意

SensorValue既可以读取也可以写入，但是写入只对相对量的传感器，例如陀螺仪、编码器，才有意义，对绝对量的传感器是没有意义的。

2.11.2 限位开关、触碰开关、跳线

限位开关、触碰开关、跳线可以都将接口定义成digital in。限位开关、触碰开关按下，跳线插上时，程序中读到接口的值为0。限位开关、触碰开关松开，跳线拔下时，程序中读到接口的值为1。

（1）使用触碰开关启动自动程序

有时候，自动程序需要通过机器人身上的传感器来启动，而最简单的就是触碰开关。

例 2-7

使用触碰开关来启动自动程序。自动程序只运行一次，自动程序运行完后直接进入手动程序。

---示例程序开始---

```
#pragma config(Sensor, dgtl1, touch_start, sensorDigitalIn)
//*!!Code automatically generated by 'ROBOTC' configuration wizard
                                                              !!*//

task main()
{
    while(SensorValue[touch_start] = = 1);//空等，只要没有按下触碰开
关就一直等待
    auto_route();//自动程序（请自行定义）
```

```
        manual_handle();//手动程序(请自行定义),自动程序运行完后就进入手动
}
```

---示例程序结束---

(2)使用限位开关限制机构运动范围

由于限位开关有缓冲结构，通常用来限制机器人的行程。通常安装在极限位置，当触碰到时，通过读取传感器的值可以知道机器人是否运动到了极限位置。

例 2-8

使用上、下2个限位开关来限制机器人的运动范围，并通过2个按键来控制机器的升降。

---示例程序开始---

```
#pragma config(Sensor, dgtl1, limit_up, sensorDigitalIn)
#pragma config(Sensor, dgtl2, limit_down, sensorDigitalIn)
#pragma config(Motor, port2, mtr_up_down, tmotorVex393, openLoop)
//*!!Code automatically generated by 'ROBOTC' configuration wizard
                                                              !!*//

task main()
{
        while(1)//大循环
        {
            if(vexRT[Btn5U] && ! vexRT[Btn5D])//只按下5U，并且没有按下5D
            {
                if(SensorValue[limit_up] == 1)//上限位开关没有触碰到，机
器上升，功率为正
                    motor[mtr_up_down] = 100;
                else
                    motor[mtr_up_down] = 0;//上限位开关触碰到，机器停止升降
```

```
        }
        else if(vexRT[Btn5D] && ! vexRT[Btn5U])//只按下5U，并且没有按下5D
        {
            if(SensorValue[limit_down] = = 1)//下限位开关没有触碰到，机器下降，功率为负
                motor[mtr_up_down] =-100;
            else
                motor[mtr_up_down] = 0;//下限位开关触碰到，机器停止升降
        }
        else//同时按下5U和5D，或者5U和5D都没有按下，则机器不动
            motor[mtr_up_down] = 0;//机器停止升降
    }
}
```

---示例程序结束---

（3）使用跳线选择自动程序

一个跳线的值有2种，因此使用一个跳线只能在2个选择项中选择。如果有多个选项时，需要增加跳线数量，选项最多为2的n次方，n为跳线数量。

例 2-9

使用跳线来决定运行指定自动程序。

---示例程序开始---

```
#pragma config(Sensor, dgtl1, touch_start, sensorDigitalIn)
#pragma config(Sensor, dgtl2, jumper_auto_choose, sensorDigitalIn)
//*!!Code automatically generated by 'ROBOTC' configuration wizard !!*//
```

```
void auto_route_manager()//自动程序管理员，根据跳线不同选择运行不同的自动程序路线
{
    if(SensorValue[jumper_auto_choose] = = 0)//跳线已插入
        auto_toute_1();//1号自动路线（请自行定义）
    else//跳线未插入
        auto_toute_2();//2号自动路线（请自行定义）
}

task main()
{
    while(SensorValue[touch_start] = = 1);//空等，只要没有按下触碰开关就一直等待
    auto_route_manager();//自动程序

    manual_handle();//手动程序（请自行定义），自动程序运行完后就进入手动
}
```

---示例程序结束---

2.11.3 超声波

超声波传感器接在数字量口，超声波传感器的接口定义成SONAR（mm），单位为毫米（mm），读到的值即为超声波测量的距离值（mm）。当值为－1时，表示没有检测到回声。

例 2-10

使用超声波来测量距离。

机器人在正前方安装超声波，一直向前走，当距离小于100mm时停止前进。

---示例程序开始---

```
#pragma config(Sensor, dgtl1, sonar_front, sensorSONAR_mm)
#pragma config(Motor, port2, mtr_L, tmotorVex393, openLoop)
#pragma config(Motor, port3, mtr_R, tmotorVex393, openLoop, reversed)
//*!!Code automatically generated by 'ROBOTC' configuration wizard !!*//

void forward(int pwr)//定义前进函数，pwr为功率参数
{
    motor[mtr_L] = pwr;
    motor[mtr_R] = pwr;
}

void move_stop()//定义停止函数
{
    forward(0);//直接调用forward，功率为0
}

task main()
{
    forward(100);//100的功率前进
    while(SensorValue[sonar_front] > 100);//距离大于100mm就一直等，此时机器人在前进
    move_stop();//距离小于100mm，while中条件不成立，然后运行到此，停止运动
}
```

---示例程序结束---

2.11.4 普通双向编码器

普通双向编码器接在数字量口，编码器的数值为'ticks'，即为跳变的次数，而编码器的轴旋转一圈为360（ticks）。

编码器安装与轮子同轴时，通过旋转的编码器的ticks数k可以计算出轮子旋转的圈数$n = k/360$，可以计算出轮子走的距离，即$2\pi Rn$，R为轮子的半径。

同时在很短时间内，比如20ms，通过计算编码器的数值的差值除以一个固定的时间（此值为固定值，也可以不用除），可以得出在此段时间内的平均速度，约等于瞬时速度。

（1）编码器重置归零

编码器的数值是相对的，其0值位置为开机时编码器的位置，同时也可以在程序中手动将其值再次归0。程序为：

```
SensorValue[enc_move] = 0;//enc_move为接口的别名
```

注意 RobotC中给编码器写入任何值都会将其改成0，即SensorValue[enc_move] = 100还是会将编码器值改成0。

（2）使用编码器让机器人走一段指定的距离

例 2-11

使用编码器来测量机器人的行走距离。

编码器安装在底盘上，通过读取编码器的ticks数，就可以知道机器人走的距离。让机器人走一段距离，假设此距离对应着编码器的ticks为1000。

---示例程序开始---

```
#pragma config(Sensor, dgtl1, enc_move, sensorQuadEncoder)
#pragma config(Motor, port2, mtr_L, tmotorVex393, openLoop)
#pragma config(Motor, port3, mtr_R, tmotorVex393, openLoop,
reversed)
```

```
//*!!Code automatically generated by 'ROBOTC' configuration wizard
                                                                !!*//

void forward(int pwr) //定义前进函数，pwr为功率参数
{
    motor[mtr_L] = pwr;
    motor[mtr_R] = pwr;
}

void move_stop() //定义停止函数
{
    forward(0);//直接调用forward，功率为0
}

task main()
{
    SensorValue[enc_move] = 0;//编码器数值归零
    forward(100);//100的功率前零
    while(SensorValue[enc_move] < 1000);//编码器ticks数小于1000就
一直等，此时机器人在前进
    move_stop();//距离小于100mm，while中条件不成立，然后运行到此，停止
运动
}
```

---示例程序结束---

2.11.5 集成双向编码器

集成编码器与普通编码器在程序中的使用方法完全一致，只是集成编码器接在I^2C接口，并且具体的数值与普通编码器对应的距离不一样。

新版的RobotC为集成编码器提供了一些可以直接用的库函数，比如走多少距离等，可以直接调用。

（1）使用集成编码器走一段指定的距离

例 2-12

使用集成编码器来测量机器人的行走距离。

这里给出接口定义好后RobotC生成的代码，其他代码与例2-11完全相同。其中集成编码器接在mtr_L这个电机上，程序中也与其绑定，示例程序如下：

---示例程序开始---

```
#pragma config(I2C_Usage, I2C1, i2cSensors)
#pragma config(Sensor, I2C_1, enc_move, sensorQuadEncoderOnI2CPort, AutoAssign)
#pragma config(Motor, port2, mtr_L, tmotorVex393, openLoop, encoder, encoderPort, I2C_1, 1000) //与集成编码器绑定
#pragma config(Motor, port3, mtr_R, tmotorVex393, openLoop, reversed)
//*!!Code automatically generated by 'ROBOTC' configuration wizard !!*//
```

---示例程序结束---

（2）集成编码器注意事项

集成编码器有时候开机之后可能会出现问题，比如接触不良，或者数值一直为0等。开机后需要检查集成编码器的LED，只有当其闪烁着明亮的绿色时才是正常工作状态，出现微弱的绿色或者橙黄色则是未正常工作。

2.11.6 红外巡线传感器

巡线传感器接在模拟量口。巡线传感器的数值根据物体表面的反光程度不同而随之变化，范围是0～4095，其中颜色越明亮，反射越强，值越小；颜色越暗，反射越弱，值越大；当离物体表面很远而传感器接收不到发射光时，值很大。

（1）使用巡线传感器的值来控制电机

例 2-13

使用巡线传感器的值来控制电机的转动功率。

由于电机功率最大值为127，而巡线传感器的值最大值为4095，需要做一些处理。假设在某安装距离下，传感器的数值主要在500～1500之间变化。

---示例程序开始---

```
#pragma config(Sensor, in1, line_follower_Sor, sensorLineFollower)
#pragma config(Motor, port2, mtr_0, tmotorVex393, openLoop)
//*!!Code automatically generated by 'ROBOTC' configuration wizard !!*//

task main()
{
    int value;
    while(1)
    {
        value = 127*((SensorValue[line_follower_Sor]-500)/(float)(1500-500));//将传感器数值均匀地分到127
        if(value <= 0)//传感器数值低于500，但是限制电机只正转
            value = 0;
        if(value > 127)//传感器数值超过1500，使得功率算出来超过127
            value = 127;
        motor[mtr_0] = value;//输出功率到电机
    }
}
```

---示例程序结束---

（2）巡线传感器数值二值化

巡线程序中，只要线与背景的数值有明显的差值就可以巡线。

在巡线程序中，通常情况下，巡线传感器的模拟量数值是用不到的，需要数值进行二值化，也就是说，只用巡线传感器来判断是否检测到线。此时需要定义一个阈值（threshold value），即数值高于此值时认为没有检测到白线，低于此值时认为检测到了白线。

本程序中是假设在暗色背景下巡白色的线。巡线传感器正对地面安装，机器人在地面上运动时，传感器在背景上的数值为2500左右，线上的数值在300左右。

此阈值介于背景数值和线上数值之间，且此值会影响巡线的灵敏性。这里定义阈值为500，下面给出二值化的程序。

例 2-14

将巡线传感器的值进行二值化。

变量line_detected指示着是否检测到白线。1：检测到白线；0：没有检测到白线。

---示例程序开始---

```
#pragma config(Sensor, in1, line_follower_Sor, sensorLineFollower)
#pragma config(Motor, port2, mtr_0, tmotorVex393, openLoop)
//*!!Code automatically generated by 'ROBOTC' configuration wizard !!*//

#define threshold_value 500//定义传感器阈值
task main()
{
    int line_detected;//二值化变量。1：检测到白线；0：没有检测到白线
    while(1)
    {
        line_detected =(SensorValue[line_follower_Sor] < = threshold_
value);//判断式结果传递给变量，简化程序，也可以使用以下方式给变量赋值
        /*
        //if(SensorValue[line_follower_Sor] < = threshold_value)
```

```
            //line_detected = 1;
            //else
            //line_detected = 0;
            */
            writeDebugStream("line_detected:%d\n", line_detected);//最后打印变量值
        }
}
```

---示例程序结束---

2.11.7 角度传感器

角度传感器接在模拟量口，其数值是绝对量，值不能归零，且轴孔不能无限旋转，可旋转角度大概为230°。其值随着轴孔与传感器的相对角度而变化，值范围是0~4095。但是由于结构上有限制，其值一般在5~4090。

例 2-15

使用角度传感器限制机器人抬升的高度范围。

角度传感器安装在机器人的抬升轴后，假设随着抬升高度增加，角度传感器的值会增大，且抬升到最高时值为3000左右，最低处为500左右，且使用按键控制抬升。

---示例程序开始---

```
#pragma config(Sensor, in1, pot_height_Sor, sensorPotentiometer)
#pragma config(Motor, port2, mtr_rise_L, tmotorVex393, openLoop)
#pragma config(Motor, port3, mtr_rise_R, tmotorVex393, openLoop, reversed)
//*!!Code automatically generated by 'ROBOTC' configuration wizard !!*//

#define height_highest 3000//定义最高处传感器值
#define height_lowest 500//定义最低处传感器值
```

```
void rise_func(int pwr)//抬升函数，pwr为功率。正：上升；负：下降
{
      motor[mtr_rise_L] = motor[mtr_rise_L] = pwr;
}

task main()
{
      while(1)//大循环
      {
          if(vexRT[Btn5U] && ! vexRT[Btn5D])//只按下5U，并且没有按下5D
          {
              if(SensorValue[pot_height_Sor] > = height_highest)//到达最
高处，停止升降
                  rise_func(0);
              else
                  rise_func(100);//机器人上升，功率为正
          }
          else if(vexRT[Btn5D] && ! vexRT[Btn5U])//只按下5U，并且没有按下5D
          {
                  if(SensorValue[pot_height_Sor] < = height_lowest)//到达
最低处，停止升降
                      rise_func(0);
              else
                      rise_func(-100);//机器人下降，功率为负
          }
          else//同时按下5U和5D，或者5U和5D都没有按下，则机器人不动
              rise_func(0);//机器停止升降
      }
}
```

---示例程序结束---

2.11.8 陀螺仪

集成编码器接在模拟量口，使用陀螺仪可以让机器人整体相对于地面旋转一定的角度。

RobotC中，陀螺仪的数值在理论上为360°对应着数值为3600，而实际中是360°对应着大约3850，具体请以实际为准。

注意　本文中，假设陀螺仪的安装为针头朝下，其数值在机器人从上往地面上看时，顺时针旋转时为正，逆时针旋转时为负。

（1）陀螺仪重置归零

陀螺仪的数值是相对的，其0值位置为开机时陀螺仪的位置，同时也可以在程序中手动将其值再次归0。程序为：

```
SensorValue[gyro] = 0;//gyro为接口的别名
```

注意　RobotC中给编码器写入任何值都会将其改成0，即SensorValue[gyro] = 100还是会将其值改成0。

（2）设置陀螺仪数值的范围

当机器人向某个方向不停地旋转时，其数值会向对应的方向不停地增加。比如机器人在陀螺仪数值为0，不断地顺时针（或逆时针）旋转时，在本文的安装方式下，其值（或负的绝对值）会越来越大，直到达到一个绝对值的最大值后会重新变成0。

因此，需要根据实际更改该最大值。

而该绝对值的最大值默认为3600，此值可以通过程序手动设置。程序为：

```
SensorFullCount[gyro] = 7600;//此值通常设置为3600的整数倍
```

例 2-16

使用陀螺仪让机器人头向左旋转2圈。

机器人头向左旋转2圈，即720°，陀螺仪读数理论上应该为−7200，实际上对应大约为−7600，具体请以实际为准。示例程序：

---示例程序开始---

```
#pragma config(Sensor, in1, gyro, sensorGyro)
#pragma config(Motor, port2, mtr_L, tmotorVex393, openLoop)
#pragma config(Motor, port3, mtr_R, tmotorVex393, openLoop)
//*!!Code automatically generated by 'ROBOTC' configuration wizard !!*//

//旋转函数，turn为正则顺时针旋转(头向右)，turn为负则逆时针旋转(头向左)
void turn(int pwr)
{
    motor[mtr_L] = pwr;//左侧底盘
    motor[mtr_R] = -pwr;//右侧为负功率，与左侧相反
}

void turn_stop()//旋转停止，直接调用turn()
{
    turn(0);
}

task main()
{
    SensorValue[gyro] = 0;//陀螺仪归零
    SensorFullCount[gyro] = 3600*3;//设置陀螺仪的最大绝对值为10800，即3圈
    turn(-100);//头向左旋转，功率大小为100
    while(SensorValue[gyro] > -7600);//头向左旋转，陀螺仪值会从0减小到-7600
    turn_stop();//停止旋转
```

```
}
```

---示例程序结束---

（3）使用陀螺仪注意事项

陀螺仪的接口在定义成陀螺仪传感器后，主控开机时会对陀螺仪进行初始化，此时陀螺仪必须保持绝对静止，这时不能摇晃机器人。当开机遥控和主控连接好后，等待大约3～4s，以保证陀螺仪正确初始化。

陀螺仪未初始化正确时，就算机器人保持静止，陀螺仪的读数也会不停地增大或者减小。

2.12 控制数字量接口的输出

数字量接口定义为数字量输出（digital out）时，可以用来控制只有2种状态的器件，例如LED灯、电磁阀等。

2.12.1 读取输出的值

读取输出的值和读取传感器的方法完全相同，都是通过读取其在SensorValue中对应的成员值即可。程序为：

```
value = SensorValue[port_x];
```

其中port_x只能是数字口，即dgtl1～dgtl12或者接口的别名。

2.12.2 写入输出的值

SensorValue本身是可读和可写的，改变其值的方法和普通变量完全相同。程序为：

```
SensorValue[port_x] = value;
```

其中，value的值为0或者1。

2.12.3 输出的值取反

值取反，即为0变成1，或者1变成0。

LED取反时，则为亮变成灭，或者灭变成亮。气缸取反则为气缸收回变成伸出，或者伸出变成收回。程序为：

```
SensorValue[port_x] = !SensorValue[port_x];
```

这一行程序其实有两个过程，先读取输出的值，然后将读到的值通过取反运算符“!”取反之后再写入输出，从而实现0变1，或者1变0。

2.12.4 控制气缸的电磁阀

按键控制气缸有两种方式。

（1）按一次按键，气缸状态变化一次

例 2-17

使用按键控制电磁阀，按下按键气缸状态变成相反状态，松开按键后，气缸的状态不再变化。

---示例程序开始---

```
#pragma config(Sensor, dgtl1, cylinder_claw, sensorDigitalOut)
//*!!Code automatically generated by 'ROBOTC' configuration wizard !!*//

task main()
{
    SensorValue[cylinder_claw] = 1;//设置气缸的初始状态，此值根据实际设置
    while(1)
    {
        if(vexRT[Btn5D])//按键按下
        {
            SensorValue[cylinder_claw] = !SensorValue[cylinder_claw];//
气缸反向
```

```
            while(vexRT[Btn5D]);//等待按键松开
            //如果需要松开后再执行反向则气缸反向放在等待按键之后
        }
    }
}
```

---示例程序结束---

（2）按键按下是一种状态，松开后就立刻反向

例 2-18

使用按键控制电磁阀，按键按下和松开时，气缸也是两种相反的状态，即按键的两种状态对应着气缸的两种状态。

---示例程序开始---

```
#pragma config(Sensor, dgtl1, cylinder_claw, sensorDigitalOut)
//*!!Code automatically generated by 'ROBOTC' configuration wizard !!*//

task main()
{
    SensorValue[cylinder_claw] = 1;
    while(1)
    {
        SensorValue[cylinder_claw] = ! vexRT[Btn5D];//按键的值直接取反后输
出给电磁阀
        //也可以使用以下更容易理解的判断式
        //if(vexRT[Btn5D])
        //SensorValue[cylinder_claw] = 1;
        //else
        //SensorValue[cylinder_claw] = 0;
    }
```

```
}
```

---示例程序结束---

2.12.5 控制LED

例 2-19

控制LED灯间隔时间闪烁。

在VEX的主控的电路中，输出值为1时，LED灯亮，在其他的一些电路中可能刚好相反，输出0才会亮。

---示例程序开始---

```
#pragma config(Sensor, dgtl1, led, sensorDigitalOut)
//*!!Code automatically generated by 'ROBOTC' configuration wizard !!*//

task main()
{
      SensorValue[led] = 1;//设置LED的初始状态
      while(1)//大循环
      {
          SensorValue[led] = 1; //LED灯亮
          wait1Msec(500);      //亮灯500ms

          SensorValue[led] = 0; //LED熄灭
          wait1Msec(300);      //熄灭300ms
      }
}
```

---示例程序结束---

2.13 使用定时器T1、T2、T3、T4

RobotC提供了4个定时器，时间值独立地存储在数组time1中，这个数组只能读取，不能写入。4个定时器的下标分别是T1、T2、T3和T4，这4个下标的类型为枚举型TTimers。

定时器的值在主控开机后就开始不断地自动更新增加，也可以在程序中重置定时器。重置后，定时器还是会始终不断地增加。

2.13.1 读取定时器的时间值

读取定时器的值就是读取定时器数组time1[]中对应成员的值。程序为：

```
t = time1[T_x];
```

其中，t的单位是毫秒（ms），T_x为定时器编号。

注意　定时器数组还有time10[]，但是其存储的时间单位是10ms，time100[]中存储的时间单位是100ms。在新版RobotC中，这两种已经被弃用。

2.13.2 重置定时器

重置定时器不能给时间数组time1直接写入值，需要用到库函数。程序为：

```
ClearTimer（T_x）;//T_x为定时器编号
```

2.13.3 使用定时器做非阻塞型延时

程序中很多时候需要用到时间，但是使用普通的延时函数，会使得程序不能继续往下执行，直到延时完毕，CPU都不能运行其他代码。定时器可以帮助解决这个问题。

例 2-20

使用定时器来做非阻塞型延时。

在手动函数里需要控制底盘运动，同时需要LED不断地定时闪烁，此程序中亮和灭的时间都为500ms。

---示例程序开始---

```
#pragma config(Sensor, dgtl1, led, sensorDigitalOut)
//*!!Code automatically generated by 'ROBOTC' configuration wizard
                                                              !!*//

task main()
{
    while(1)
    {
        if(time1[T1] > 500)//时间达到500ms
        {
            SensorValue[led] = !SensorValue[led];//led反向
            ClearTimer(T1);//重置时间
        }

        manual_handle();//手动操作函数
    }
}
```

---示例程序结束---

2.13.4 定时器作为函数的参数

其实定时器重置函数ClearTimer（）就使用了定时器作为函数的参数，其函数原型为：

```
voidClearTimer(TTimers theTimer);
```

其中，TTimers是定时器的枚举类型名，其定义如下：

```
typedef enum short
{
    TI    = 0,
    T2    = 1,
    T3    = 2,
    T4    = 3,
}  TTimers;
```

在自定义函数时，函数内部也可能用到定时器，但是有时候需要使用某一个指定的定时器，此时将定时器也作为函数参数会方便指定，程序为：

---示例程序开始---

```
void fun（int time，TTimers T_x）//time为时间，T_x为定时器
{
    //函数具体内容
}

task main（）
{
    fun（1000，T1）;//1000传递给time，T1传递给T_x，即指定使用T1
}
```

---示例程序结束---

2.14 打印调试信息DebugStream（ ）

当用下载线通过遥控连接机器人之后，在机器人运行程序的时候，机器人可以向电脑发送打印信息，例如一些变量的值，显示在调试流窗口中，方便调试机器人。

2.14.1 调试流窗口

打开调试流窗口：打开调试器后，主菜单Robot—Debugger Windows—Debug Stream。

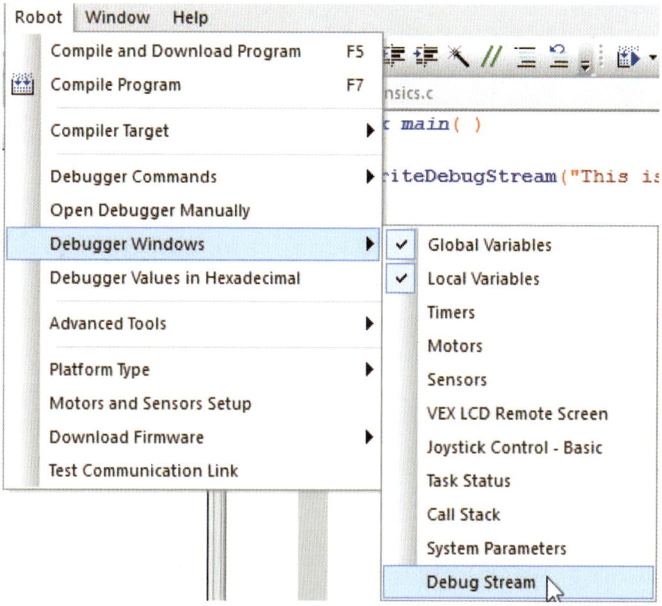

运行程序后，机器人向电脑发送打印信息。

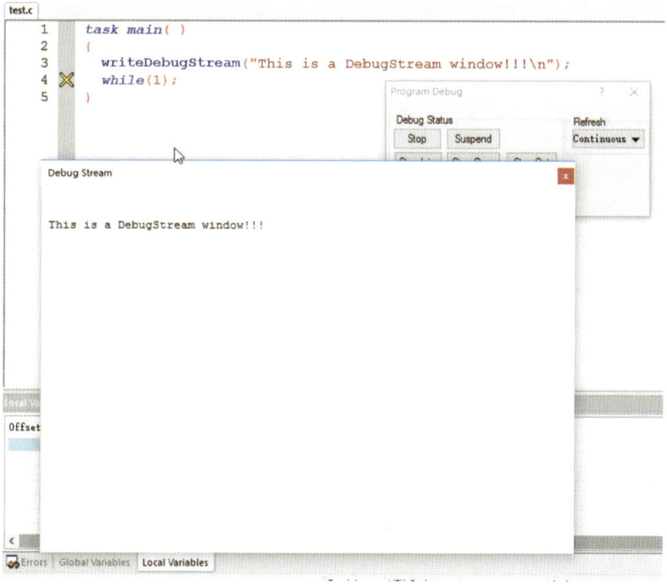

2.14.2 使用writeDebugStream（ ）打印信息

（1）writeDebugStream使用的一般格式

```
writeDebugStream（"< 格式化字符串 >"，< 参数列表 > ）;
```

例如:

```
int x = 10, y = 5;
writeDebugStream（"x = %d, y = %d, sum:%d\n%d", x, y, x + y, 10, ）;
```

程序运行结果:

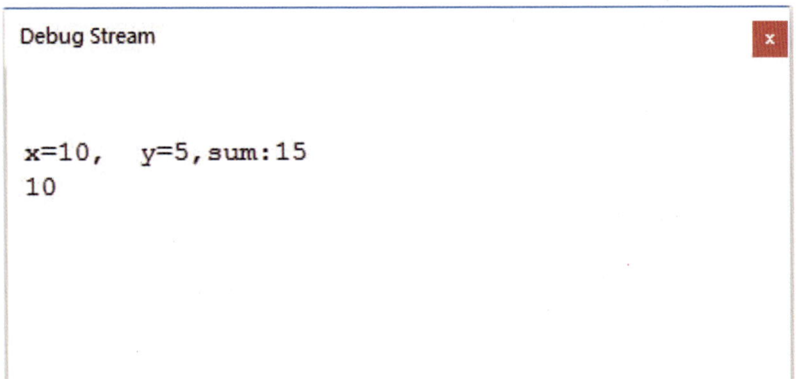

在以上程序中，包含格式化字符串和参数列表两部分。

① 格式化字符串，包括两部分内容。

a. 格式控制字符。格式控制字符总以“%”开始，后跟一个或几个规定字符组成格式控制符，例如“%d”“%f”等，用来确定参数列表中对应参数的输出格式。

b. 正常字符。除去格式控制字符之外，其他字符即为正常字符，例如这部分字符将按原样输出。例如上面writeDebugStream的双引号中从左到右依次为“x =”、逗号、空格、“y =”、“，sum:”、换行符“\n”。

② 参数列表。参数列表是需要输出的一系列参数，是有值的表达式，由运算符将变量、常量和函数调用的返回值相结合而成。参数列表中参数的个数必须与格式化字符串所说明的输出参数个数一样，各参数之间用“，”分开，且顺序一一对应，否则将会出现意想不到的错误。

在输出打印时，每一个格式控制字符会从左到右，依次被参数列表中从左到右的参数值替换，并与正常字符一起按照顺序输出。

输出打印时，需要换到下一行显示时，可以使用换行符“\n”。

（2）常用格式控制符

格式控制符	变量	打印结果	说明
%d	int x = −100	−100	十进制输出
%f	float x = 3.14	3.14000	小数输出
%c	char x = 'a'	a	字符变量输出，打印一个字符
%s	string	RobotC	字符串输出
%x	int x = 255	ff	十六进制输出，字母小写
%X	int x = 255	FF	十六进制输出，字母大写
%#X	int x = 255	0XFF	十六进制输出，字母大写，并添加0X，X大写
%o	int x = 64	100	八进制输出
%#o	int x = 64	0100	八进制输出，并添加0
%%		%	打印一个%

注意

打印信息需要使用函数writeDebugStream（），其使用方法与VC等中的printf非常类似，还有更多的格式控制方法请读者自行参看相关资料，限于篇幅，本章中不赘述。

2.14.3 清除DebugStream窗口

清除DebugStream窗口可以在窗口中电机鼠标右键，Clear All Contents。

程序中也可以使用函数来清除，程序为：

```
clearDebugStream ( ) ;
```

2.15 使用LCD显示屏

LCD显示屏接在UART口。

2.15.1 使用LCD显示信息

LCD为2行16列（2×16）的显示屏，即每一行可以显示16个字符，包括字母、符号等，且只能显示英文字符，并且不支持换行符的换行功能。

程序中行和列的编号从0开始，即第0和第1行，一共2行，第0～15列，一共16列。

（1）displayLCDCenteredString（nLine，sString）

指定行中间对齐显示字符串，nLine为指定的行号（0～1）。sString为要显示的字符串，可以为常量或者变量。

例如，在第0行显示字符串“RobotC123”，程序为：

```
displayLCDCenteredString(0, "RobotC123");
```

使用电脑模拟打印结果：

（2）displayLCDString（nLine，nPos，sString）

指定行、指定列开始显示字符串。nLine为指定的行号，值为0或者1。nPos为指定的列号（0～15）。sString为要显示的字符串，可以为常量或者变量。

例如，在第0行第1列开始显示字符串“RobotC123”，程序为：

```
displayLCDString(0, 1, "RobotC123");
```

使用电脑模拟打印结果：

（3）清除LCD显示

清除LCD显示的内容使用函数clearLCDLine，程序为：

```
clearLCDLine(nLine);
```

其中nLine为行的编号，值为0或者1。

（4）使用sprintf生成字符串变量

可以看出，在（1）和（2）中例子中使用的都是字符串常量，不够灵活。此时可以使用sprintf函数灵活地生成字符串变量，再通过LCD显示。

sprintf使用的一般格式：

sprintf(< 目标字符串变量 >, “< 格式化字符串 >”, < 参数列表 >);

可以看出，sprintf与writeDebugStream很类似，只是多了第一个参数。sprintf将格式化的数据写入第一个目标字符串变量中。

例 2-21

使用sprintf提高LCD打印函数的方便性。

---示例程序开始---

```
task main()
{
    int a = 1;
    string str;//定义字符串变量
```

```
    sprintf(str, "sprintf test");//格式化的数据写入str中
    displayLCDCenteredString(0, str);//通过LCD第0行显示str内容

    sprintf(str, "a = %d", a);//格式化的数据再次写入str中(覆盖之前的
内容)
    displayLCDCenteredString(1, str);//通过LCD第1行显示str内容
}
```

---示例程序结束---

使用电脑模拟打印结果：

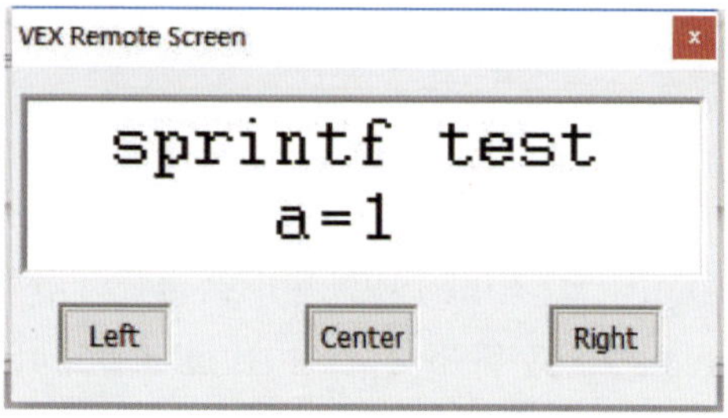

注意：使用sprintf通过LCD打印时，字符数量不超过16个。换行符占用一个字符，但是换行无效。

2.15.2 使用LCD按键

VEX的LCD附带了3个按键，利用好3个按键有时候可以有意想不到的方便。

在程序中，LCD和遥控的按键不同。遥控的每一个按键都在vexRT[]数组中有一个独立的变量保存其值。而LCD的三个按键的信息都存储在一个全局变量nLCDButtons中，通过读取这一个变量的值可以得到三个按键各自的值。

nLCDButtons的值：

三个按键的状态	十进制	十六进制	二进制
只有左键按下	1	0x01	0b001
只有中键按下	2	0x02	0b010
只有右键按下	4	0x04	0b100

（1）使用十进制判断：当且仅当指定按键按下

当有多个按键按下时，nLCDButtons的值等于各个按键单独按下时nLCDButtons的十进制值的和。

例如:

按下左键和中键，nLCDButtons = 1 + 2 = 3；

按下左键和右键，nLCDButtons = 1 + 4 = 5；

左键、中键和右键三个键都按下时，nLCDButtons = 1 + 2 + 4 = 7。

程序中通过nLCDButtons与指定值是否相等来判断三个按键的状态。

① 普通使用方法。

例 2-22

直接使用LCD的按键的十进制值。

---示例程序开始---

```
#define lcd_key_L  1  //定义左键十进制值
#define lcd_key_M  2  //定义中键十进制值
#define lcd_key_R  4  //定义右键十进制值

task main()
{
    while(1)
    {
        if(nLCDButtons = = lcd_key_L) //只有左键按下
        {
            clearLCDLine(0);
```

```
            displayLCDCenteredString(0, "Left");
        }

        if(nLCDButtons = =(lcd_key_L + lcd_key_R))//只有左键和右键按下，右键没有按下
        {
            clearLCDLine(0);
            displayLCDCenteredString(0, "LeftAndRight");
        }
    }
}
```

---示例程序结束---

② 使用宏定义。

例 2-23

使用宏定义来使用LCD的按键十进制值，提高效率。

---示例程序开始---

```
#define lcd_key_L  1//  定义左键十进制值
#define lcd_key_M  2//  定义中键十进制值
#define lcd_key_R  4//  定义右键十进制值

#define LCD_key_pressed(key) (nLCDButtons = =(key))//定义按键判断表达式

task main()
{
    while(1)
    {
        if(LCD_key_pressed(lcd_key_L))//只有左键按下
```

```
            {
                clearLCDLine(0);
                displayLCDCenteredString(0, "Left");
            }

            if(LCD_key_pressed(lcd_key_L + lcd_key_R))//只有左键和右
键按下，右键没有按下
            {
                clearLCDLine(0);
                displayLCDCenteredString(0, "LeftAndRight");
            }
        }
}
```

---示例程序结束---

(2)使用二进制判断：只要指定按键按下

注意 本节需要用到二进制的知识，请读者查阅相关知识。

当有多个按键按下时，nLCDButtons的二进制值等于各个按键单独按下时nLCDButtons二进制值的位或运算之后的值（也即十进制值相加运算后的值）。

例如:

按下左键和中键，nLCDButtons = 0b001 | 0b010 = 0b011；

按下左键和右键，nLCDButtons = 0b001 | 0b100 = 0b101；

左键、中键和右键三个键都按下时，nLCDButtons = 0b001 | 0b010 | 0b100 = 0b111。

程序中通过nLCDButtons与指定值位与运算后的结果是否为0来判断三个按键的状态。

①普通使用方法。

例 2-24

直接使用LCD的按键的二进制值。

---示例程序开始---

```
#define lcd_key_L  0b001  //定义左键二进制值
#define lcd_key_M  0b010  //定义中键二进制值
#define lcd_key_R  0b100  //定义右键二进制值

task main()
{
    while(1)
    {
        if((nLCDButtons &lcd_key_M)! = 0)//只要中键按下，不管其他两个按键的状态
        {
            clearLCDLine(0);
            displayLCDCenteredString(0, "Middle");
        }

        if((nLCDButtons &(lcd_key_L | lcd_key_R))//只要左键或者中键按下，不管中键状态
        {
            clearLCDLine(0);
            displayLCDCenteredString(0, "LeftOrRight");
        }
    }
}
```

---示例程序结束---

②使用宏定义。

例 2-25

通过宏定义来使用LCD的按键值，提高效率，并通过位或判断多个按键是否按下。

---示例程序开始---

```
#define lcd_key_L  0b001  //定义左键二进制值
#define lcd_key_M  0b010  //定义中键二进制值
#define lcd_key_R  0b100  //定义右键二进制值

#define LCD_Btn_Pressed(key) ((nLCDButtons & (key)) != 0)
//注意key有可能是两个按键的位或，需要加上括号，进行先位或，再位与，否则可能出错
//注意位与运算&的优先级比不等运算!= 的低，因此加上了括号，使之先位与
//或者简化为#define LCD_Btn_Pressed(key) (nLCDButtons & (key))

task main()
{
    while(1)
    {
        if(LCD_Btn_Pressed(lcd_key_M)) //只要中键按下，不管其他两个按键的状态
        {
            clearLCDLine(0);
            displayLCDCenteredString(0, "Middle");
        }

        if(LCD_Btn_Pressed(lcd_key_L | lcd_key_R)) //只要左键或者右键按下，不管中键
        {
```

```
                clearLCDLine(0);
                displayLCDCenteredString(0, "LeftOrRight");
            }
        }
}
```

---示例程序结束---

2.15.3 控制LCD的背光灯

控制LCD背光灯的是一个布尔型的变量bLCDBacklight。其值为true时，背光灯亮，值为false时，背光灯灭。

也可以直接给bLCDBacklight赋值为1（0），RobotC会自动转换为true（false）。

（1）点亮LCD背光灯

和2.12节中控制数字量接口的输出类似，点亮背光灯只需要将bLCDBacklight写入true。程序为：

```
bLCDBacklight = true;//或者bLCDBacklight = 1;
```

注意 将其写入1时，RobotC会给出警告，但是不影响。

（2）控制背光灯闪烁

例 2-26

控制LCD的背光灯闪烁。

背光灯闪烁只需要将bLCDBacklight的值不断取反即可。

---示例程序开始---

```
task main ( )
{
    while ( 1 )
    {
      bLCDBacklight = ! bLCDBacklight;//背光灯的值取反
      wait1Msec ( 500 ) ;//亮和灭的持续时间
    }
}
```

---示例程序结束---

2.16 使用蜂鸣器

使用蜂鸣器可以知道程序的运行状态，例如在VEX的2015～2016赛季，主题为Nothing But Net（一网打尽）赛季，通过程序中使蜂鸣器发声来告诉选手飞轮转速达到了射球的要求。

2.16.1 蜂鸣器播放声音的特点

RobotC使用队列来依次播放wav音频文件、自定义音调等声音项目，新加入的声音项目需要等到前一个项目播放完毕之后才能播放。队列中可以有多达10个声音项目。

播放声音都是在后台播放，在播放声音的同时，可以继续执行程序。播放声音的函数只是在声音队列中新加入一个声音项目，然后程序就继续向下执行，不用等待声音播放完成。这些特点使得在播放声音的同时，还可以继续执行程序，例如控制机器人的运动等。

布尔型变量bSoundActive，其值为1表示正在播放声音，为0表示没有播放声音。

布尔型变量bSoundQueueAvailable，其值为1表示声音队列中还可以加入声音，为0表示队列已满，不能加入声音。

2.16.2 使用蜂鸣器播放声音

（1）播放系统自带的声音

播放系统预定义的声音函数：

```
PlaySound(sound);
```

其中sound为TSounds的枚举类型，有嗡嗡声（soundLowBuzz）、哔哔声（soundBeepBeep）等，更多声音可以查看TSounds的定义。其声音的频率和时间都是系统定义的，不能修改。

例如，播放系统自带的哔哔声，程序为：

```
PlaySound(soundBeepBeep);
```

（2）播放自定义声音

播放自定义的声音函数：

```
PlayTone(frequency, durationIn10MsecTicks);
```

其中frequency为声音的频率（单位：Hz），durationIn10MsecTicks为声音的持续时间（单位：10ms）。

例如，播放1760Hz的声音，时间1s，程序为：

```
PlayTone(1760, 100);//100×10ms = 1s
```

（3）播放即时声音

在（1）和（2）中的函数会将声音项目加入队列中，声音项目需要一次播放。如果有一个声音需要立刻播放，并暂停正在播放的声音，就需要使用播放即时声音。当即时声音播放完毕后，之前的声音项目会接着暂停的位置继续播放。

播放即时声音函数：

```
playImmediateTone(frequency, durationIn10MsecTicks);
```

其中frequency为声音的频率（单位：Hz），durationIn10MsecTicks为声音的持续时间（单位：10ms）。

2.16.3 等待声音完成播放

播放声音的函数都是非阻塞型的，其功能是加入声音项目到声音队列中，不会等到声音播放完成才继续执行程序，但是有时候需要等到声音播放完毕之后才继续执行程序。

例如，播放超过10个音调，需要等前一个声音播放完毕，否则当队列满了之后会加入失败，程序中使用bSoundActive来判断是否使用播放完成。

---示例程序开始---

```
task main()
{
    int k;
    for(k = 1;k < = 20;k + +)
    {
        PlayTone(1000 + k*4, 500);//播放不同的音调，持续时间5s
        while(bSoundActive);//等待声音播放完成
    }
}
```

---示例程序结束---

2.16.4 清除蜂鸣器所有声音

当不需要播放声音队列中剩余的声音时，可以手动清除声音队列。

清除声音队列函数：

```
ClearSounds();
```

2.16.5 蜂鸣器的音量

蜂鸣器的音量，除了在蜂鸣器上的开关可以改变音量外，程序中也可以通过改变变量nVolume的值设置蜂鸣器的音量。

注意 RobotC的帮助文件写到nVolume的值范围为0～4，实际测试中发现值为100时声音比4时大得多，而超过100时声音不会明显变大，因此在实际使用中可以认为100是最大值。

例如，设置音量为4，程序为：

```
nVolume = 4;
```

2.17 其他实用功能与函数

2.17.1 获取主控电池的电压

主控的电池电量保存在变量nAvgBatteryLevel和nImmediateBatteryLevel中，其单位为毫伏（mV）。其中nAvgBatteryLevel是读取的电压段时间内的平均电压（主控会多读几次然后取平均值），而nImmediateBatteryLevel则是读取的电池的即时电压。

例如，读取主控电池电压，程序为：

```
writeDebugStream("main battery average voltage:%d mV\n",
nAvgBatteryLevel);
```

2.17.2 读取系统开机运行时间

主控开机后，会自动在后台有一个计时器，记录了主控开机后运行的时间，其值保持在变量nSysTime中，单位为ms。

例如，读取主控开机时间，程序为：

```
writeDebugStream("System has been on for %d ms\n",
nSysTime);
```

同时还要一个时间是程序运行时间，保存在变量nPgmTime中，单位也是ms。但是这个计时器会在调试器（debugger）停止程序运行后清零重置。

2.17.3 清除所有变量

系统自带一个函数清除所有的函数clearAll（TClearCommandAction nCommandFlags），是调试器使用的指令，用户也可以在程序中使用。

其中TClearCommandAction是一种枚举类型，其部分枚举元素如下：

```
typedef enum TClearCommandAction
{
```

```
actOnTimers      = 0x01,    //重置全部定时器
actOnSensors     = 0x02,    //清除全部传感器
actOnVariables   = 0x04,    //清除所有变量，全部变量归零
actOnMotors      = 0x40,    //清除所有电机功率，即停止所有电机
…//未全部列举
}TClearCommandAction;
```

使用清除函数可以方便地清除各种变量，程序为：

```
clearAll(actOnTimers);//清除全部定时器
clearAll(actOnSensors);//清除传感器值，例如陀螺仪、编码器
clearAll(actOnMotors);//停止所有电机
clearAll(actOnVariables);//清除所有变量
```

也可以用位或算法（使用一个“|”符号），可以同时清除多个选项，例如同时清除定时器和电机，例如：

```
clearAll(actOnMotors | actOnTimers);
```

2.17.4 常用数学函数

函数	名称	函数返回值	数学表达式
abs（x）	绝对值函数	x的绝对值	$\|x\|$
sgn（x）	符号函数	x的符号，即 1（$x>0$）； −1（$x<0$）； 0（$x=0$）	$\begin{cases}1 & (x>0)\\0 & (x=0)\\-1 & (x<0)\end{cases}$
pow（a，b）	幂函数	a的b次方	a^b
round（x）	四舍五入到整数函数	x绝对值的四舍五入	
sqrt（x）	开方函数	x的算术平方根	$\sqrt{x}$
rand（）	伪随机整数	随机数，0~32767	

2.18 RobotC的多任务系统

多任务系统是指用户可以在系统中同时运行多个应用程序，每个应用程序被称作一个任务。就像在电脑上，可以同时运行聊天软件、音乐软件等。

但是实际上，电脑的CPU只有固定有限的那么一个或几个，不可能真的同时运行多个程序。所以就用近似的方式，让多个程序轮换着运行。当轮换速度够快时，给人的感觉就是多个程序在“同时”运行。

RobotC中的一个任务是一段代码，可长可短，没有执行的时间限制（这和easyC的后台定时中断不同）。程序开始运行时，主任务（taskmain）会自动开启，而其他任务可以通过相应的函数指令来开启和停止。

使用RobotC中的多任务编程，可以分模块写程序，不用将很多程序功能全部杂糅在一起，这样使得程序的结构更加清晰。

RobotC在VEX的Cortex主控中，可以多达19个自定义任务与主任务同时运行。

2.18.1 常见的任务类型

（1）无限循环型的任务

不能自动停止的任务，例如任务的主体是一个while（1），并且无法退出，任务不会自动停止。

例如通过LCD不断显示机器人的传感器的数值，任务不会自己停止。这种任务通常需要通过其他任务开启和停止。

（2）非无限循环型的任务

可以自动停止运行的任务。例如任务的主体中不是while（1），代码执行完毕后自动停止。或者任务中的while（1）中有条件进行break、return或者使用StopTask（）（停止任务函数，见第2.18.6节）停止自己。

例如一键下降，手动任务中，检测到按下某一个键，就启动一键下降任务。在下降任务中，先让机器人下降，程序中一直等待到限位开关被触碰到，此时，手动任务中依然可以控制机器人的底盘运动。然后代码运行完毕，任务也就运行结束，自动停止了。

2.18.2 任务的时间片

多任务系统中存在一个任务调度器，负责指挥CPU运行代码。调度器公平地给每一个任务都分配一个很短的时间，并指挥CPU轮换着执行每一个任务，这一段短时间叫作时间片。当时间片很短（比如0.001s），即轮换时间短，速度够快，给人的感觉就是多个程序在“同时”运行。

CPU在时间片内会执行一些代码，当时间到了，调度器会让CPU暂停当前任务a，轮换到执行下一个就绪的任务，并等到再次轮到任务a执行时，CPU会接着任务a上次暂停的位置继续执行。

注意 RobotC中不是完全采用时间片的方式调度，而是每个任务执行相同数量的操作码（opcodes），但是不是所有类型的操作码的执行时间都相同，只是非常接近而已，这里不再细究。

2.18.3 任务的状态及转换

RobotC中的任务状态比一般的多任务系统的任务状态细化了一些。

（1）运行状态

当一个任务正在被CPU运行时，这个任务就处于运行状态。

（2）暂停状态

① 系统自动暂停。当任务执行等待函数时，包括等待时间和等待信号量，任务就会自动交出CPU控制权，CPU就会执行其他任务。此时，这个任务就被暂停，而进入暂停状态。

② 程序手动暂停。通过其他任务或者自己使用suspendTask（）（暂停任务函数，见第2.18.7节）而被直接暂停，从而进入暂停状态。

（3）就绪状态

① 等待完成。当等待完成后，这个任务就准备运行，而再次进入就绪状态。

② 程序手动恢复。被暂停函数暂停的任务，需要使用resumeTask（）（恢复任

务函数，第2.18.7节）使其重新进入就绪状态。

处于就绪状态的任务可以理解为准备运行的任务，等待时间和信号量的任务都不是准备运行的任务。

（4）停止状态

任务被其他任务或者自己停止后就会进入停止状态。任务中的所有代码运行完了也会进入停止状态。

主任务在开始运行程序时自动启动而进入运行状态，其他自定义任务都是处于停止状态。

要点：

① 正在等待的任务不是处于就绪状态，没有准备好运行。只有等待完成后才重新进入就绪状态而准备被运行。

② 正在等待的任务不会被运行，也就不占用CPU，这使得其他的任务可以有更多的运行机会。

（5）获取任务的状态

任务的状态可以通过程序函数getTaskState（）获取，其函数原型为：

```
TTaskStates getTaskState(void task_name)
```

其中，状态的变量类型TTaskStates是一种枚举型，其定义为：

```
typedef enum short
{
    taskStateUninitialized                          = 0,
    taskStateStopped                                = 1,
    taskStateRunning                                = 2,
    taskStateWaitingForTimer                        = 3,
    taskStateSuspendedWasRunning                    = 4,
    taskStateSuspendedWasWaiting                    = 5,
    taskStateBreakpointStop                         = 6,
    taskStateWaitingForSemaphore                    = 7,
    taskStateSuspendedWasWaitingForSemaphore        = 8,
} TTaskStates;
```

运行状态：taskStateRunning。

暂停状态：

taskStateWaitingForTimer——任务自己正在等时间而暂停。

taskStateWaitingForSemaphore——任务自己正在等信号量而暂停。

taskStateSuspendedWasRunning——任务被暂停函数暂停，并且被暂停时，此任务正在被运行。

taskStateSuspendedWasWaiting——任务被暂停函数暂停，并且被暂停时，此任务正在等时间。

taskStateSuspendedWasWaitingForSemaphore——任务被暂停函数暂停，并且被暂停时，此任务正在等信号量。

停止状态：taskStateStopped。

其中最常用的是判断任务状态是否为停止状态，也就是说，判断任务是否启动。如果任务启动了，那么任务状态一定不是taskStateStopped，但是不一定是taskStateRunning，因为有等待时间而被暂停。

2.18.4 任务的优先级

在多任务系统中，每一个任务都被分配了一个值为0～255的优先级（priority），优先级值越大，优先级越高。程序中默认的优先级为7，并且主任务的优先级也为7。

每次时间片完了之后，调度器总是指挥CPU运行就绪的任务中具有最高优先级的任务。在就绪任务中，如果多个任务都有最高优先级，调度器会根据轮询调度算法（Round-Robin Scheduling），依次执行这些任务。在就绪的任务中，当不存在更高优先级的任务时，低优先级的任务才能运行。

例如，假设程序中一共有4个任务，一个优先级为7的任务a和3个优先级为6的任务b、c、d。

① 某个时间片结束后，任务a和任务b、c、d都准备就绪，此时根据优先级高的先运行，调度器指挥CPU在接下来的时间片内运行任务a。

② 在接下来这个时间片完成之前，a执行等待时间函数，主动交出CPU的控制权，并进入暂停状态开始等待时间完成，此时调度器重新进行指挥CPU的运行。而此时a没有准备就绪，b、c、d都准备就绪，由于b、c、d优先级相同，此时就按照轮询调度让b、c、d依次被运行，b→c→d→b→c→d……

③ 当a时间等待完毕就进入就绪状态，然后等待调度器重新分配CPU的控制权。当时间片完了之后，根据优先级，CPU就会再次直接运行a。

可以看出，在所有的任务中（包括主任务），只要最高优先级的任务一直处于就绪状态，其他任务就不能被执行。

2.18.5 定义任务

定义任务和定义函数完全一样，只不过任务和函数的区别是，任务不能有输出参数，也不能有输入参数，输入参数的括号中也不能写void。

一般格式如下：

```
task name_of_task ( )
{
    < 任务具体定义 >
}
```

声明一个任务则和函数声明一样，一般格式如下：

```
task name_of_task ( ) ;
```

例 2-27

定义非无限循环型的任务task_AutoStop，打印0~100。

---示例程序开始---

```
task task_AutoStop ( )
{
    int k;
    for ( k = 0;k < = 100;k + +)
        writeDebugStream ( "%d\n", k ) ;
}
```

---示例程序结束---

例 2-28

定义无限循环型的任务task_Forever，一直打印定时器T1的值。

---示例程序开始---

```
task task_Forever()
{
    while(1)
    {
        writeDebugStream("%d\n", time1[T1]);
    }
}
```

---示例程序结束---

2.18.6 启动任务与停止任务

所有的任务，包括主任务，在地位上都是平等的，都可以被其他任务启动或者停止，也可以在已经启动的情况下，自己停止。只是主任务在开始运行程序时会自动启动，而其他自定义任务的第一次启动需要被别的任务启动。

只要程序中有一个任务（不一定是主任务）没有停止，程序就会继续运行，但是一般都会保留主任务在运行。

启动任务和停止任务都是使用函数，函数没有输出，而函数的参数是任务的名字。

（1）启动任务

启动任务函数一般格式：

```
StartTask(TaskName, nTaskPriority);
```

其中，TaskName为任务名，nTaskPriority为任务的优先级，如果参数只给名字，则函数就会给任务一个默认优先级7。

如果任务处于停止状态，启动任务函数会使任务正常启动，任务会从头开始运行。如果任务已经启动，而其他任务再次使用启动任务函数时，会使得这个任务重新启动，任务会从头开始运行。也就是说，被其他任务执行启动任务函数后，任务一定会从头开始运行，可以理解为重启任务。

特别地，如果任务已经运行，然后使用启动任务函数来启动自己时，任务不会从头开始运行，而是继续运行，但是优先级会被改变成新的优先级。例如，当不需要主任务做任何事情，让CPU去执行其他任务，则主任务中可以执行StartTask（main，6），来降低主任务的优先级。

（2）停止任务

停止任务函数一般格式：

StopTask（TaskName）;

如果任务已经启动，则执行停止任务函数会使任务正常停止。如果任务本来就没有启动，则函数执行完后，任务依然是停止状态。也就是说，任务被其他任务或者自己执行停止任务函数后，任务一定会停止。

特别地，如果任务自己执行停止任务函数停止自己，则停止任务函数以后的代码都不会运行。如果任务调用某个函数停止自己，则被调用函数中的停止函数以后的代码也不会运行，任务就直接停止了。

例 2-29

启动和停止任务。

---示例程序开始---

```
task task_Forever（）;//向前声明任务
task task_AutoStop（）;//向前声明任务

task task_Forever（）
{
    writeDebugStream（"task_Forever has started!!\n"）;

    StartTask（task_AutoStop）;//开启task_AutoStop，并设置和主任务相同
的默认优先级7
```

```
    writeDebugStream("task_AutoStop has already been started by
task_Forever\n");

    ClearTimer(T1);
    while(1) //while(1)型任务，没有自动停止条件
    {
        writeDebugStream("Forever:%d\n", time1[T1]);//100ms打印一
次定时器T1的值，从0开始
        wait1Msec(100);
    }
}

task task_AutoStop()
{
    int k;
    for(k = 0;k < 5;k + +)
    {
        writeDebugStream("AutoStop:%d\n", k);//200ms打印一次k的值，
从0～4
        wait1Msec(200);
    }
    StopTask(task_Forever);//停止task_Forever
    writeDebugStream("task_Forever is stopped by task_Auto
Stop\n");
    wait1Msec(200);
    writeDebugStream("task_AutoStop is over!!\n");//200ms后所有代
码运行完毕
}

task main()
{
```

```
    writeDebugStream("task Main has started!!\n");
    StartTask(task_Forever);//开启task_Forever，并设置和主任务相同的默认优先级7
    while(1)
    {
        writeDebugStream("task main is running...\n");//400ms打印主函数正在运行提示
        wait1Msec(400);
    }
}
```

---示例程序结束---

程序运行结果：

```
Debug Stream

task Main has started!!
task main is running...
task_Forever has started!!
AutoStop:0
task_AutoStop has already been started by  task_Forever
   Forever:0
   Forever:100
AutoStop:1
   Forever:200
   Forever:300
AutoStop:2
   Forever:400
task main is running...
   Forever:500
AutoStop:3
   Forever:600
   Forever:700
AutoStop:4
   Forever:800
task main is running...
   Forever:900
task_Forever is stopped by task_AutoStop
task_AutoStop is over!!
task main is running...
task main is running...
task main is running...
```

2.18.7 暂停任务与恢复任务

任务除了由于等待时间或者信号量而被系统自动暂停外，用户也可以通过使用函数指令将任务手动进行暂停和恢复。被暂停函数暂停的任务必须通过恢复函数使任务从暂停处恢复运行。

特别地，任务也可以将自己暂停，但是只能通过其他任务将自己恢复。如果任务已经被暂停，也可以通过启动任务将任务重启，任务也可以从头开始运行。

（1）暂停任务

暂停任务函数一般格式：

```
suspendTask(TaskName);
```

如果任务已经暂停，再次暂停不会有影响，任务依然是暂停状态。

（2）恢复任务

恢复任务函数一般格式：

```
resumeTask(TaskName);
```

使用暂停的任务必须通过使用恢复函数将其恢复。未被暂停任务函数暂停的任务，对其使用恢复任务函数不会有影响。

例 2-30

暂停和恢复任务。

---示例程序开始---

```
task task_Forever()
{
    writeDebugStream("task_Forever has started!!\n");

    ClearTimer(T1);
    while(1)
    {
```

```
        writeDebugStream("Forever:%d\n", time1[T1]);//100ms打印一
次定时器T1的值，从0开始
        wait1Msec(100);
    }
}

task main()
{
    writeDebugStream("task Main has started!!\n");
    StartTask(task_Forever);//启动任务
    writeDebugStream("task_Forever has been started by
main!!\n");

    wait1Msec(500);
    suspendTask(task_Forever);//暂停任务，被暂停后，定时器T1并不会被
暂停
    writeDebugStream("task_Forever has been suspended by
main!!\n");

    wait1Msec(500);//暂停500ms后恢复，T1大约增加了500ms
    resumeTask(task_Forever);//恢复任务
    writeDebugStream("task_Forever has resumed by main!!\n");

    while(1)
    {
        writeDebugStream("task main is running...\n");
        wait1Msec(400);
    }
}
```

---示例程序结束---

程序运行结果：

```
Debug Stream

task Main has started!!
task_Forever has started!!
    Forever:0
task_Forever has been started by main!!
    Forever:100
    Forever:200
    Forever:300
    Forever:400
    Forever:500
task_Forever has been suspended by main!!
task_Forever has resumed by main!!
task main is running...
    Forever:1000
    Forever:1100
    Forever:1200
    Forever:1300
    Forever:1400
task main is running...
    Forever:1500
    Forever:1600
    Forever:1700
    Forever:1800
task main is running...
    Forever:1900
    Forever:2000
    Forever:2100
```

可以看出，task_Forever被暂停后，就暂停显示定时器T1的值。直到500ms恢复后再继续显示T1的值，但是时间已经增加了500ms。

2.18.8 等待任务运行完毕

任务在运行时，常常需要等待会自动停止的任务完成运行。可以先开启任务，然后通过判断任务是否停止来确定任务已经运行完毕。

判断任务是否停止需要获取任务的状态，然后与taskStateStopped作比较，即：

```
if(getTaskState(task_name)= = taskStateStopped){...}
```

（1）直接等待

等待任务停止：

```
while(getTaskState(task_name)! = taskStateStopped){...}
```

注意　通常括号里加入一段很短的延时，比如wait1Msec（5）。加入延时，避免本任务占用太多CPU。延时很短，避免被等待的任务完成后，本任务可能等较长时间才继续向下运行。

比如在自动程序中，自动程序启动了一个非无限循环型的任务，需要等到这个任务执行完毕之后才能继续往下运行。这时需要等待任务完成，可以通过等待任务进入停止状态来实现。

例 2-31

启动任务，然后等待任务完成后再继续运行。

---示例程序开始---

```
task task_AutoStop()//非无限循环型任务，会自动停止
{
      int k;
      writeDebugStream("task_AutoStop has started!!\n");
      for(k = 0;k < 4;k + +)
      {
         writeDebugStream("AutoStop is running:%d\n", k);
         wait1Msec(200);
      }
      writeDebugStream("task_AutoStop is completed!!\n\n");
}

task main()
{
```

```
    writeDebugStream("task Main has started!!\n");
    StartTask(task_AutoStop, 7);//启动任务
    writeDebugStream("task_AutoStop has already been started by main\n");
    while(getTaskState(task_AutoStop)! = taskStateStopped)等待任务完成
    {
        wait1Msec(50);//等待一小段时间，不至于占用太多CPU
        writeDebugStream("main is waiting for task_AutoStop to complete!!\n");
    }
    //到此处时while条件不成立，任务task_AutoStop已经执行完毕，main的等待结束
    writeDebugStream("task_AutoStop has already been completed!!\n");
    writeDebugStream("main continues now!!\n");

    while(1)
    {
        writeDebugStream("task main is running...\n");
        wait1Msec(400);
    }
}
```

---示例程序结束---

程序运行结果：

```
Debug Stream

task Main has started!!
task_AutoStop has already been started by main
task_AutoStop has started!!
AutoStop is running:0
   main is waiting for task_AutoStop to complete!!
   main is waiting for task_AutoStop to complete!!
   main is waiting for task_AutoStop to complete!!
AutoStop is running:1
   main is waiting for task_AutoStop to complete!!
   main is waiting for task_AutoStop to complete!!
   main is waiting for task_AutoStop to complete!!
   main is waiting for task_AutoStop to complete!!
AutoStop is running:2
   main is waiting for task_AutoStop to complete!!
   main is waiting for task_AutoStop to complete!!
   main is waiting for task_AutoStop to complete!!
   main is waiting for task_AutoStop to complete!!
AutoStop is running:3
   main is waiting for task_AutoStop to complete!!
   main is waiting for task_AutoStop to complete!!
   main is waiting for task_AutoStop to complete!!
   main is waiting for task_AutoStop to complete!!
task_AutoStop is completed!!

   main is waiting for task_AutoStop to complete!!
task_AutoStop has already been completed!!
main continues now!!
task main is running...
task main is running...
task main is running...
task main is running...
task main is running...
```

（2）使用宏定义

宏定义需要放在同一行，同一行里写宏定义。

```
#define WaitForTask(task_ID) {while(getTaskState(task_ID)!= taskStateStopped)wait1Msec(5);}
```

如果代码太多，可以使用换行连接符反斜杠“\”，其作用是连接两行的代码，注意反斜杠后面不能有任何字符，也不能有空格，即：

---示例程序开始---

```
#define wait_for_task(task_name)\
{\
    while(getTaskState(task_name)! = taskStateStopped)\
        wait1Msec(5);\
}
```

---示例程序结束---

关于宏定义请参考相关资料。

（3）建立函数

在等待任务结束的同时，如果还需要程序做其他事情，通常采用函数来实现。

① 函数参数只要任务名。建立函数来等待任务和宏定义差不多，都是任务名作为参数，不过函数里，参数需要指明类型，RobotC中，任务名的参数类型是short。

示例程序如下：

---示例程序开始---

```
//task_name 为任务名，类型是short
void wait_for_task_func(short task_name)
{
    while(getTaskState(task_name)! = taskStateStopped)
    {
        writeDebugStream("waiting...\n");
        wait1Msec(5);
    }
}
```

---示例程序结束---

②函数参数包含其他参数。

例 2-32

建立等待任务的函数，并将最大等待时间也作为参数。

由于在最大等待时间之前，还需要判断任务的状态，而不是直接使用wait函数等待到最大等待时间，因此需要使用定时器计时。通常将定时器作为参数，使用指定的定时器，以免和其他任务的定时器冲突。

---示例程序开始---

```
//task_name为任务名，类型是short
//max_wait_time是最大等待任务时间，其值为0则一直等到任务完成
//如果最大等待任务时间不为0，则会在最大时间内等待任务完成
//若时间到了但是任务还未停止，就结束等待
//如果在最大等待时间内，任务停止，也会等待完成
//timer_x是函数使用的定时器，并给定默认值T1，即默认使用定时器T1
void wait_for_task_func(short task_name, int max_wait_time, TTimers
timer_x = T1)
{
    if(max_wait_time = = 0)//最大等待时间为0则一直等到任务完成
    {
        while(getTaskState(task_name)! = taskStateStopped)
        {
            writeDebugStream("waiting...\n");
            wait1Msec(5);
        }
        writeDebugStream("waiting OK\n");
    }
    else//最大等待时间不为0，则等待一个最大等待时间
    {
        ClearTimer(timer_x);//清除定时器
        while(1)
```

```
        {
            if (getTaskState(task_name) = = taskStateStopped) //任
务完成
            {
                writeDebugStream("task is stopped\n");
                break;//等待终止
            }
            if (time1[timer_x] > max_wait_time) //任务未完成，但是最大
等待时间到了
            {
                writeDebugStream("wait time out\n");
                break;//等待终止
            }
        }
    }
}
```

---示例程序结束---

特别地，如果程序运行到“等待任务运行完毕”处时，任务已经停止，则这个等待几乎不消耗时间。

2.18.9 给任务传递参数

由于RobotC中任务的定义不能带有参数，因此，要传递参数给任务，可以使用全局变量。给任务定义专属的全局变量，这些变量只有这个任务中使用，通常是用来读取，并且其他任务不会去读取，也不会改写。启动任务之前，在其他函数里先来写入这些变量的值，设置为想要的值，再启动任务，任务就可以在运行时通过读取这些专属的全局变量读取到这些值。

为了更加方便地改写全局变量和启动任务，可以先定义一个带有参数的函数，这个函数是其对应任务的专属函数。这个专属函数用这些参数来改写任务的专属全局变量，并启动任务。

为了增加程序的可读性，可以采用以下规则：

任务名字带一个后缀“_task”，而任务的专属函数带有后缀“_TASK_FUNC”，其中FUNC是function的缩写，而任务的专属全局变量都带一个任务名作为后缀。

例 2-33

建立任务名为GetSum_N，其作用是求1＋2＋3＋…＋*N*的和，并间隔指定的时间打印1、2、3、…、*N*。最后打印出求得的和。

---示例程序开始---

```
//任务的专属全局变量，任务名作为后缀
int n_GetSum_N;//求和的最后一个值
int sum_GetSum_N;//求和的结果
int delay_GetSum_N;//打印的时间间隔

task GetSum_N_task()//建立任务
{
    int k;
    sum_GetSum_N = 0;//使用全局变量，将求和结果先归零
    for(k = 0;k < n_GetSum_N;k + +)//使用专属全局变量，读取全局变量的值
    {
        sum_GetSum_N + = k;
        writeDebugStream("k = %d\n", k);
        wait1Msec(delay_GetSum_N);//使用专属全局变量，读取打印时间间隔
    }
    writeDebugStream("sum = %d\n", sum_GetSum_N);//最后打印求和结
果，并保存在专属全局变量
}
```

```
void GetSum_N_TASK_FUNC(int n, int delay)//建立专属函数，带有需要改写的参数
{
      //用参数来改写任务的专属全局变量
      n_GetSum_N = n;
      delay_GetSum_N = delay;

      StartTask(GetSum_N_task);//启动任务
}

task main()
{
      GetSum_N_TASK_FUNC(10, 50);//调用任务的专属函数
      while(getTaskState(GetSum_N_task)! = taskStateStopped)//等待任务完成
         wait1Msec(5);
}
```

---示例程序结束---

程序运行结果：

例 2-34

编写程序，使机器人在抬升到指定高度的同时，前进到指定的距离。

假设机器人底盘有2个电机，并且使用1个集成编码器用来测量行走距离。抬升也使用2个电机，并使用角度传感器来测量抬升的高度。

名字为：

左底盘电机	mtr_move_L
右底盘电机	mtr_move_R
左抬升电机	mtr_rise_L
右抬升电机	mtr_rise_R
底盘集成编码器	enc_move
抬升角度传感器	height_Sor

程序中有两个大模块，分别是前进模块和抬升模块，这里把两个大功能模块分别放在两个源文件（C文件）中，分别是“rise.c”和“forward.c”，与主文件“_main.c”放在同一个文件夹里。在主文件中，使用#include指令将源文件包含到主文件中，主文件就可以使用两个源文件中的函数和全局变量了。

①“rise.c”中定义了关于抬升的函数和任务。

---示例程序开始---

```
//抬升任务的专属全局变量
int height_rise_height;//目标高度的角度传感器值
int pwr_rise_height;//抬升过程中电机功率绝对值
int exit_time_rise_height;//最大任务执行时间
TTimers timer_x_rise_height;//使用的定时器

//高度变量的宏定义
#define hgt_highest 2500//最大高度
#define hgt_lowest 1000//最低高度
```

```
void rise_func(int power)//抬升功率设定函数，当power为负数时则下降
{
    motor[mtr_rise_L] = motor[mtr_rise_R] = power;
}

task rise_height_task()//抬升任务
{
    //根据当前高度与目标高度作比较后决定上升还是下降
    if(SensorValue[height_Sor] < height_rise_height)
        rise_func(pwr_rise_height);//上升
    else if(SensorValue[height_Sor] > height_rise_height)
        rise_func(-pwr_rise_height);//下降
    else
        return;//不抬升也不下降

    ClearTimer(timer_x_rise_height);//重置定时器，开始计时
    while(1)
    {
        wait1Msec(50);
        writeDebugStream("rise_height_task is running...\n");

        if(time1[timer_x_rise_height] > exit_time_rise_height)//超时
        {
            writeDebugStream("\nrise_height_task: timeout\n\n");
            break;//退出
        }
        if(abs(SensorValue[height_Sor]-height_rise_height)<
20)//高度值在误差范围内
        {
            writeDebugStream("\nrise_height_task: height is in
range\n\n");
```

```
            break;//退出
        }
    }
    rise_func(0);//停止抬升
}

//抬升任务的专属函数
void rise_height_TASK_FUNC(int height, int pwr, int exit_time,
TTimers timer_x)
{
    设置抬升任务的专属全局变量值
    height_rise_height = height;
    pwr_rise_height = pwr;
    exit_time_rise_height = exit_time;
    timer_x_rise_height = timer_x;

    StartTask(rise_height_task);//启动任务
}
```

---示例程序结束---

②“forward.c”中定义了关于前进的函数和任务。

---示例程序开始---

```
//前进任务的专属全局变量
int dist_forward_dist;//目标位置的编码器值
int pwr_forward_dist;//前进到目标位置的电机功率绝对值
int exit_time_forward_dist;//最大任务执行时间
TTimers timer_x_forward_dist;//使用的定时器

void forward_func(int power)//前进的功率设定函数，当power为负数时则
后退
```

```
{
    motor[mtr_move_L] = motor[mtr_move_R] = power;
}

task forward_dist_task()//前进任务
{
    //根据当前编码器的值与目标值作比较后决定前进还是后退
    if(SensorValue[enc_move] < dist_forward_dist)
        forward_func(pwr_forward_dist);//前进
    else if(SensorValue[enc_move] > dist_forward_dist)
        forward_func(-pwr_forward_dist);//后退
    else
        return;//既不前进也不后退

    ClearTimer(timer_x_forward_dist);//重置定时器，开始计时
    while(1)
    {
        wait1Msec(50);
        writeDebugStream("forward_dist_task is running...\n");

        if(time1[timer_x_forward_dist] > exit_time_forward_dist)
//超时
        {
            writeDebugStream("\nforward_dist_task: timeout\n\n");
            break;//退出
        }
        if(abs(SensorValue[enc_move]-dist_forward_dist)< 20)//
编码器值距离在误差范围内
        {
            writeDebugStream("\nforward_dist_task: dist is in
range\n\n");
```

```
                break;//退出
            }
        }
        forward_func(0);//停止前进或者后退
}

//前进任务的专属函数
void forward_dist_TASK_FUNC(int dist, int pwr, int exit_time,
TTimers timer_x)
{
        设置前进任务的专属全局变量值
        dist_forward_dist = dist;
        pwr_forward_dist = pwr;
        exit_time_forward_dist = exit_time;
        timer_x_forward_dist = timer_x;

        StartTask(forward_dist_task);//启动任务
}
```

---示例程序结束---

③“_main.c”中调用抬升和前进的两个功能文件中的函数。

---示例程序开始---

```
#pragma config(I2C_Usage, I2C1, i2cSensors)
#pragma config(Sensor, in1, height_Sor, sensorPotentiometer)
#pragma config(Sensor, I2C_1, enc_move, sensorQuadEncoderOnI2CPort
, AutoAssign)
#pragma config(Motor, port2, mtr_move_L, tmotorVex393, openLoop,
reversed, encoder, encoderPort, I2C_1, 1000)
#pragma config(Motor, port3, mtr_move_R, tmotorVex393, openLoop)
#pragma config(Motor, port4, mtr_rise_L, tmotorVex393, openLoop)
```

```
#pragma config(Motor,  port5,  mtr_rise_R,  tmotorVex393,  openLoop)
//*!!Code automatically generated by 'ROBOTC' configuration wizard
                                                                !!*//

#include "rise.c"//将抬升功能文件包含进来
#include "forward.c"//将前进功能文件包含进来

//定义等待任务完成的宏，注意换行连接符后不能有空格
#define wait_for_task(task_name)\
{\
    while(getTaskState(task_name)! = taskStateStopped)\
        wait1Msec(5);\
}

task main()
{
    //调用抬升任务专属函数，设定专属全局变量并开启抬升任务
    //抬升到最大高度，功率大小为127，最多抬升1500ms，使用T1计时
    rise_height_TASK_FUNC(hgt_highest,  1270,  1500,  T1);

    SensorValue[enc_move] = 0;//编码器数值清零
    //调用前进任务专属函数，设定专属全局变量并开启前进任务
    //起始位置编码器已经清零，目标值设定为-3000的位置，因此实际上是后退
    //后退功率大小为50，最多抬升1500ms，使用T2计时
    forward_dist_TASK_FUNC(-3000,  127,  5000,  T2);

    wait_for_task(rise_height_task);//等待抬升任务
    wait_for_task(forward_dist_task);//等待前进任务
    //注意，如果前进先完成，则wait_for_task(forward_dist_task)几乎不
耗时
```

```
        //到此，两个任务都执行完毕，然后继续向下运行
        while(1)
        {
            writeDebugStream("task main is running...%d\n");
            wait1Msec(400);
        }
}
```

---示例程序结束---

2.19 程序调试方法

在RobotC中集成了一个功能强大的调试器。在调试时，它能将每一个细节都展示出来，例如传感器、电机、全局变量等的实时值，并能打印信息到电脑，给用户最大限度的实时调试功能。

当机器人通过下载线连接遥控时，可以实时地观察机器人的运行状态，主控和遥控的连接可以是有线或者无线的方式。

当下载程序后，调试器窗口会自动弹出来。此时点击“Start”即可让机器人开始运行程序。在运行程序时，点击“Stop”即可停止程序的运行。

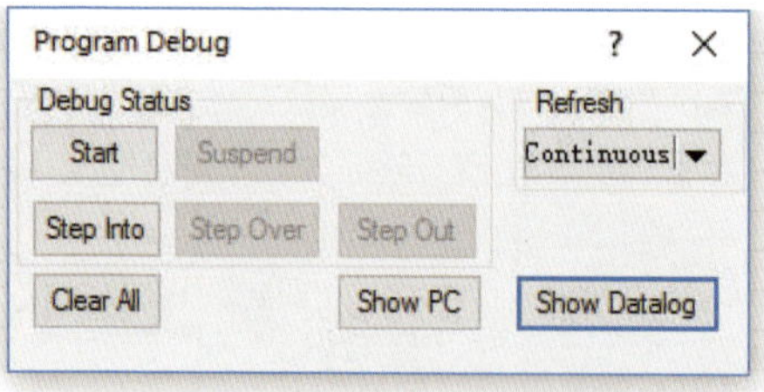

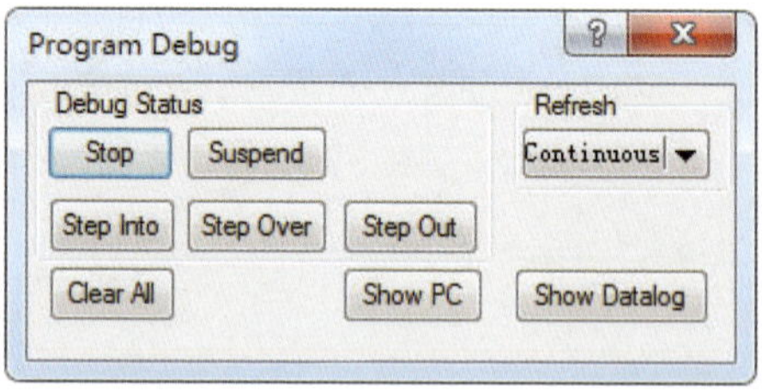

当程序在运行时，可以通过打开不同的Debugger Windows来在线观察机器人的运行状态。打开方式为：点击菜单栏Robot—Debugger Windows，其中有很多调试窗口。

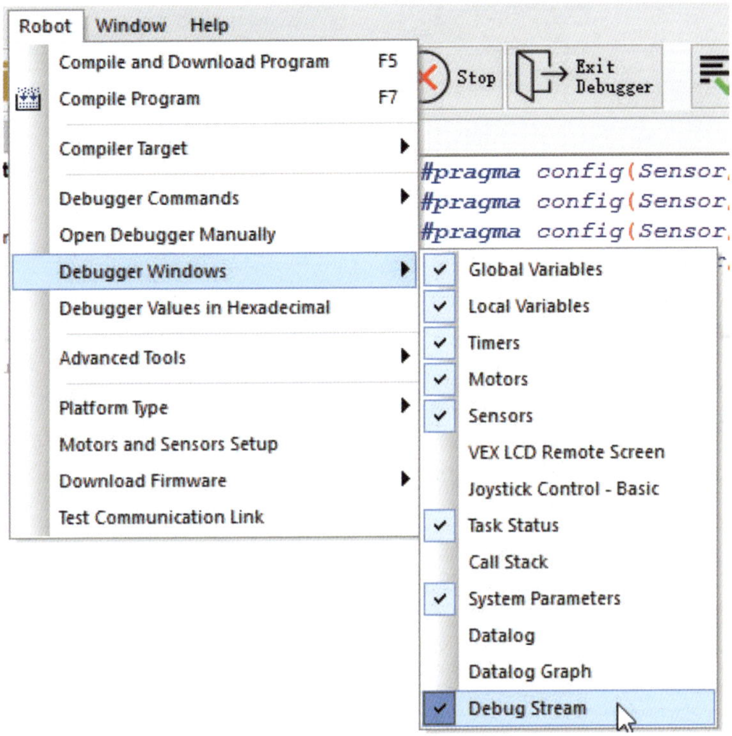

常用的有Sensors（传感器）、Motors（电机）、GlobalVariables（全局变量）、Task Status（任务状态）、Debug Stream（调试流）等，其他调试窗口读者可以自行测试。

Sensors窗口可以在线实时观察传感器的值，有些传感器的数值是程序计算得到的，例如陀螺仪、编码器，其值可以通过双击Value对应栏，重置其值为0。

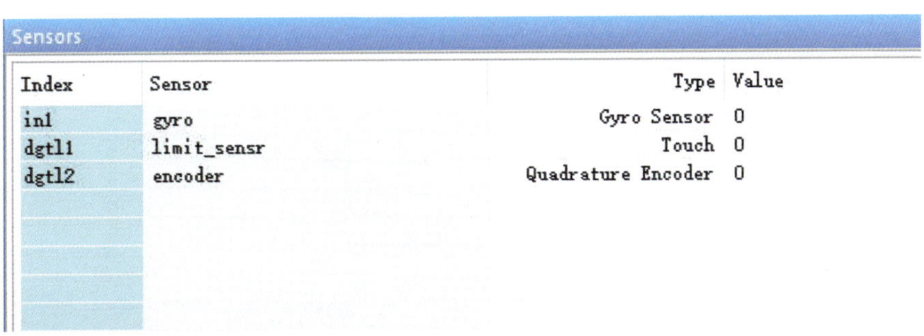

Motors窗口可以实时观察电机的功率值，同时可以通过双击Value对应栏，并写入合法的数值，则可以直接改变电机的功率值。

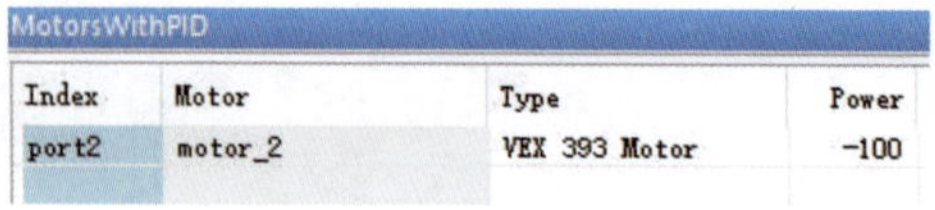

Global Variables窗口可以观察全局变量的数值，同时可以通过双击Value对应栏，并写入数值，则可以直接改变全局变量的值。

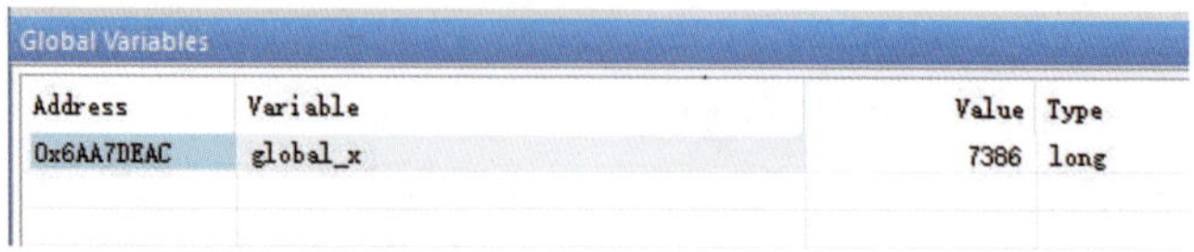

Task Status窗口可以实时查看各个线程任务的运行状态，例如运行状态、停止状态、等待时间状态等。任务的状态不能强制修改。

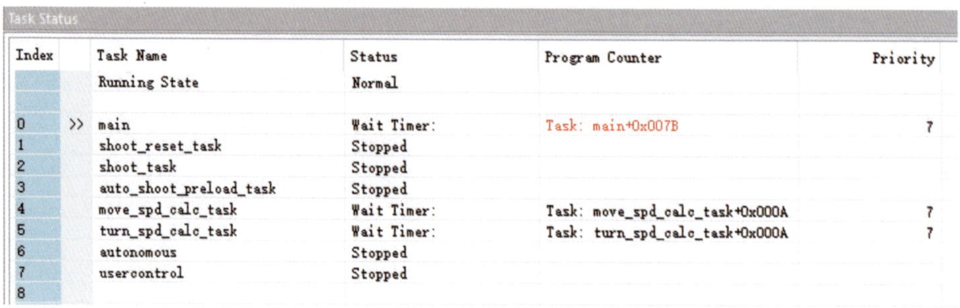

Debug Stream窗口可以通过writeDebugStream等函数，打印调试信息到电脑屏幕。例如打印自动程序信息、自动程序函数运行效果等，用以更好地提示程序运行结果。

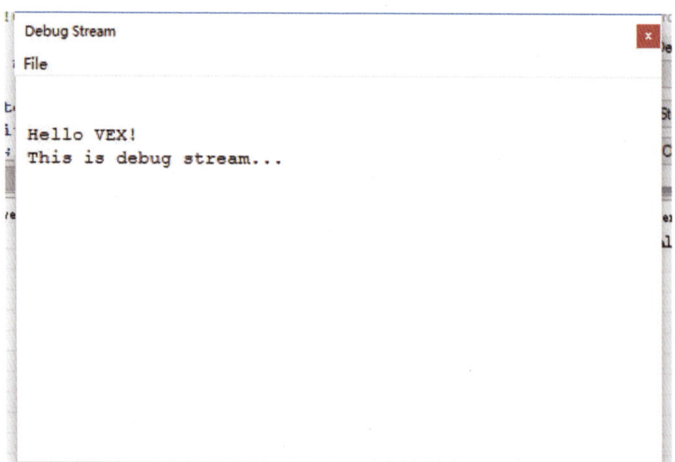

2.20 场地控制器程序

在VEX比赛中，需要使用场地控制器，其作用是用来控制机器人的自动程序和手动程序的切换，或者使机器人停止运动。

要让机器人的程序能够接受场地控制器的控制，需要使用特定的程序。通过点击菜单栏File—New…—Competition Template，新建场地控制器程序模板。此时RobotC会新建一个c源文件，并且此c源文件通过#include命令包含了“Vex_Competition_Includes.c”文件，可以通过将鼠标右键放在#include指令上打开所包含的头文件。

“Vex_Competition_Includes.c”中声明了函数pre_auton（）、任务autonomous（）、任务usercontrol（），并且此模板文件已经写好了taskmain（）的定义，一般情况下不用修改。

SourceFile002.c* | Vex_Competition_Includes.c

```
/*---------------------------------------------------------------------------*/
/*                                                                           */
/*        Description: VEX Competition Control Include File                  */
/*                                                                           */
/*---------------------------------------------------------------------------*/
/*                                                                           */
/* This file provides control over a VEX Competition Match. It should be     */
/* included in the user's program with the following line located near the   */
/* start of the user's program.                                              */
/*                                                                           */
/* #include "VEX_Competition_Includes.h"                                     */
/*                                                                           */
/* The above statement will cause this program to be included in the user's  */
/* program. There's no need to modify this program.                          */
/*                                                                           */
/* The program displays status information on the new VEX LCD about the      */
/* competition state. You don't need the LCD, the program will work fine     */
/* whether or not the LCD is actually provisioned.                           */
/*                                                                           */
/* The status information is still useful without the LCD. The ROBOTC IDE    */
/* debugger has a "remote screen" that contains a copy of the status         */
/* information on the LCD. YOu can use this to get a view of the status of   */
/* your program. The remote screen is shown with the menu command            */
```

```
// Forward references for functions in the competition template
void pre_auton();
task autonomous();
task usercontrol();
```

其中函数pre_auton（）主要是程序运行前的一些预处理，例如变量初始化等。autonomous（）是自动程序任务，usercontrol（）是手动程序任务，task main（）会根据场地控制器给出的指令，切换运行这两个任务。

在新建的c源文件中，需要用户实现函数pre_auton（）、任务autonomous（）、任务usercontrol（）的具体定义。用户为了让程序思路更加清晰，可以把整个工程文件分类，通过新建更多的头文件，将机器人的不同功能部件放在不同的文件中，甚至都可以将文件放进不同的文件夹中，然后#include指令来使用其他文件中的代码，更多#include的方式可以查看相关资料。

第3章 机器人C语言基础

3.1 变量

在C语言中，常量和变量都是可以用来存储和表示数据的，常量值在程序执行的过程中是不可变的，而变量的值是可变的。

3.1.1 变量三要素

在程序中，使用标识符（IDentifier）来标识各种程序成分，命名程序中的一些实体，如变量、常量、函数、类型和符号等。标识符由字母、数字和下划线组成，不能还有其他符号，包括空格符，并且第一个字符必须是字母或下划线。标识符中的字母区分大小写，用户定义的标识符不能与系统已有的关键字重名，例如int、if等。

例如：

X、_x0、_1、x2、score、arm_left均为正确标识符。

8times、price/tea、low!valume、arm-left、arm left均为不正确的标识符。

变量的三要素是：变量名、变量值和存储单元。程序中，变量使用一个标识符作为变量名，用来识别该变量。变量值是一个变量的具体数据值，程序为每个变量开辟了存储单元，变量值就存储在这个单元空间中，可以通过变量名读取或修改该变量值。

例如变量a的值为3，则其三要素示意为：

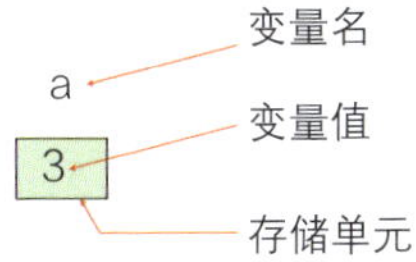

在深入学习C语言时，会对变量的存储单元有更多的研究，这里不做探讨，同时，在简单的程序中一般可以不涉及。

3.1.2 基本数据类型

C语言中的数据类型较多。

- C数据类型
  - 基本类型
    - 数值类型
      - 整型
        - 短整型 short
        - 整型 int
        - 长整型 long
      - 浮点型
        - 单精度型 float
        - 双精度型 double
    - 字符类型 char
  - 构造类型
    - 数组
    - 结构体 struct
    - 共用体 union
    - 枚举类型 enum
  - 指针类型
  - 空类型 void

C语言的三种基本数据类型为整型、浮点型、字符型。

（1）整型

整型包括short、int、long等，用以表示一个整数，例如1、0、－200、7386等。

默认为有符号型signed，即可以为负数。配合unsigned关键字，可以表示为无符号型，则只能为正数。

short、int、long表示的数据大小范围有所不同，具体请查阅相关资料。

（2）浮点型

浮点型包括float、double，用来表示实数。相对于整型，该类型表示带有小数部分的数值。例如1.5、−2.0、3.14、0.0等。

一般情况下，float占4个字节，double占8个字节，具体大小跟编译器设定有关。

（3）字符型

字符型用来表示各种字符，C语言使用单引号 ' ' 将字符括起来，表示字符。例如字母a的字符型为 'a'，数字3的字符型为 '3'，乘号*的字符型为 '*'，空格符的字符型为 ' '，字母n的字符型为 'n'。

转义字符：

还有一些不能显示的特殊字符，例如换行符，需要通过反斜杠符号“\”进行组合表示。例如换行符通过反斜杠和字母n组成 '\n' 表示换行符，反斜杠和字母r组成 '\r' 表示回车符，反斜杠和字符0组成 '\0' 表示空字符。而由于一个反斜杠会产生转义，因此需要表示一个反斜杠字符时，需要使用两个反斜杠表示一个反斜杠字符，即 '\\'。

ASCII表：

字符在内存中的存储也是以整数（二进制）的形式，需要通过一个字符与数字的对应表来转换，这个表就是ASCII表。

字符	十进制	十六进制	二进制
空字符	0	0	0000 0000
换行符	10	0A	0000 1010
回车符	13	0D	0000 1101
空格	32	20	0010 0000
!	33	21	0010 0001
"	34	22	0010 0010
#	35	23	0010 0011
$	36	24	0010 0100

续表

字符	十进制	十六进制	二进制
%	37	25	0010 0101
&	38	26	0010 0110
'	39	27	0010 0111
(	40	28	0010 1000
)	41	29	0010 1001
*	42	2A	0010 1010
+	43	2B	0010 1011
,	44	2C	0010 1100
-	45	2D	0010 1101
.	46	2E	0010 1110
/	47	2F	0010 1111
0	48	30	0011 0000
1	49	31	0011 0001
2	50	32	0011 0010
3	51	33	0011 0011
4	52	34	0011 0100
5	53	35	0011 0101
6	54	36	0011 0110
7	55	37	0011 0111
8	56	38	0011 1000
9	57	39	0011 1001
:	58	3A	0011 1010
;	59	3B	0011 1011
<	60	3C	0011 1100
=	61	3D	0011 1101
>	62	3E	0011 1110
?	63	3F	0011 1111
@	64	40	0100 0000
A	65	41	0100 0001
B	66	42	0100 0010

续表

字符	十进制	十六进制	二进制
C	67	43	0100 0011
D	68	44	0100 0100
E	69	45	0100 0101
F	70	46	0100 0110
G	71	47	0100 0111
H	72	48	0100 1000
I	73	49	0100 1001
J	74	4A	0100 1010
K	75	4B	0100 1011
L	76	4C	0100 1100
M	77	4D	0100 1101
N	78	4E	0100 1110
O	79	4F	0100 1111
P	80	50	0101 0000
Q	81	51	0101 0001
R	82	52	0101 0010
S	83	53	0101 0011
T	84	54	0101 0100
U	85	55	0101 0101
V	86	56	0101 0110
W	87	57	0101 0111
X	88	58	0101 1000
Y	89	59	0101 1001
Z	90	5A	0101 1010
[	91	5B	0101 1011
\	92	5C	0101 1100
]	93	5D	0101 1101
^	94	5E	0101 1110
_	95	5F	0101 1111
`	96	60	0110 0000

续表

字符	十进制	十六进制	二进制
a	97	61	0110 0001
b	98	62	0110 0010
c	99	63	0110 0011
d	100	64	0110 0100
e	101	65	0110 0101
f	102	66	0110 0110
g	103	67	0110 0111
h	104	68	0110 1000
i	105	69	0110 1001
j	106	6A	0110 1010
k	107	6B	0110 1011
l	108	6C	0110 1100
m	109	6D	0110 1101
n	110	6E	0110 1110
o	111	6F	0110 1111
p	112	70	0111 0000
q	113	71	0111 0001
r	114	72	0111 0010
s	115	73	0111 0011
t	116	74	0111 0100
u	117	75	0111 0101
v	118	76	0111 0110
w	119	77	0111 0111
x	120	78	0111 1000
y	121	79	0111 1001
z	122	7A	0111 1010

可以看出，字符在存储上，使用ASCII表中对应的二进制存储，同时，字符在数值上也与对应的十进制数相等。例如字符a的ASCII码十进制为97，即 'a' 与97相等。字符A的ASCII码十进制为65，即 'A' 与65相等，即可以有 'a'－'A' = 97－65 = 32。

字符型除可以用来表示各类字符外，其他规则与整型相同，可以认为char是一种特殊的整型。

数字（0～9）与字母（大写和小写）在ASCII编码上是按照大小顺序编排，利用这一点可以方便地对字符进行一些操作，例如 'a' + 1即等于 'b'，且可以知道相同字母大小写相差32，即 'a' − 'A' = 32，因此可以知道字母的大小写转化有：

小写字母 − 32 = 大写字母

大写字母 + 32 = 小写字母

在RobotC中，还支持布尔型（bool）和字符串型（string）。

（4）布尔型

布尔型变量的值只有真（true）和假（false），布尔型变量可用于逻辑表达式，也就是“或”“与”“非”之类的逻辑运算，以及大于、小于之类的关系运算，逻辑表达式运算结果为真或为假。bool可用于定义函数类型为布尔型，函数里可以有“return true；”“return false；”之类的语句。

（5）字符串型

字符串是多个字符组成的整体，使用双引号括起来。RobotC中，string型变量可以整体修改，不支持[]运算获取指定字符。

3.1.3 强制类型转换

不同的数据类型之间，有些可以进行强制类型转换，其格式为：

（需要转换的类型）（待转化的表达式）

例如：

（int）（x + y）

（float）（7%3）

如果待转换的数只有一个，则可以省略括号，如（int）3.5，而（int）x + y则成了把x转换成int型之后再与y相加。

整型转换成浮点型，相当于添加小数部分，且小数部分值为“.0”。浮点型转化为整型，则忽略小数部分，而不是四舍五入。

3.1.4 定义变量

定义变量格式如下：

< 变量类型 >< 变量名 >；

例如：

```
int x;
float y;
```

如果需要同时定义多个相同类型的变量，则可以使用逗号隔开多个变量。

```
float kp, ki, kd;
```

在定义变量的同时，还可以使用赋值符号“=”，给变量赋予一个初始值，将变量初始化。如下，定义4个变量，其中x和y进行初始化，z和w没有初始化。

```
int w, x = 3, y = 0, z;
```

3.2 常量

常量是在程序运行过程中其值保持不变，并且不能被更改的量。常量分为字面常量和符号常量。

字面常量是直接使用的，比如整型34、100，浮点数3.24，字符'a'等。

符号常量是用#define和const定义的常量。

（1）宏定义常量

宏定义常量使用#define进行定义，例如：

```
#define    PI    3.14
```

PI就是符号常量。使用#define的本质是宏替换，例如“c = r*PI;”在编译器编译代码之前，做预编译处理，将PI替换成3.14，即“c = r*3.14;”。

值得注意的是，#define是原文替换，例如：

```
#define    x    2 + 3
```

则“y = 2*x;”将被替换成“y = 2*2 + 3;”结果是7，而不是10。

（2）const常量

```
const int x = 3;
```

常量x虽然是以变量的形式定义，但是加上了const修饰，则不允许修改该变量的值，这种变量可以更好地理解为“只读变量”。

3.3 程序注释

良好编程习惯的养成对于一个程序员的发展非常重要，而注释对于一段程序来讲又是一个必不可少的组成部分，注释有助于对程序的阅读理解，所以注释语言必须准确、易懂、简洁。在编译时，程序中的注释将会被忽略，并且在大多数集成开发环境（IDE）中，文本显示上通常可以设置为不同颜色。

C语言中，注释有两种类型：

（1）单行注释

单行注释通常用于对程序中的某一行代码进行解释，用“//”符号表示，后面为注释的内容。

```
task main()
{
    writeDebugStream("Hello,world\n");//outputs "Hello,world"
    while(1);//dead loop
}
```

（2）多行注释

多行注释就是注释中的代码，可以为多行，以符号“/*”开头，以符号“*/”结尾。

```
/*
this is a task,
which outputs "Hello,world"
*/
task main()
{
    writeDebugStream("Hello,world\n");
}
```

3.4 语句和复合语句

C语言中，程序语句是由分号“；”结尾，代表语句的结束。例如：

x = 1；

printf（"hello world"）；

复合语句简称为语句块，它使用大括号“{ }”把许多语句和声明组合到一起，形成单条语句，并且不用分号当作结尾。

当出现语法上某处需要一条语句，但程序却需要执行多条语句时，就可以用到语句块。例如，可以在 if 语句中使用语句块，或者当循环体需要执行多条语句时，也可以使用语句块。例如：

```
{ double result = 0.0, x = 0.0;           // 声明
  static long status = 0;
  extern int limit;
  ++x;                                    // 语句
  if ( status == 0 )
  {                                       // 新语句块
     int i = 0;
     while ( status == 0 && i < limit )
     { /* ... */ }                        // 另一个语句块
  }
  else
  { /* ... */ }                           // 第三个语句块
}
```

值得注意的是，如果一个变量没有被声明为 static 或 extern，那么该变量的存储空间会在语句块结束之后自动被释放。例如：

```
3   task main()
4   {
5      {
6         int x=0;
7      }
8      x=1;
9   }
```

由于第6行中定义的变量x在语句块中，因此其作用域也限于语句块中。所谓作用域（scope），就是变量的作用范围。在语句块外，到第8行，x将被销毁，编译结果显示第8行的x未定义。

3.5 表达式

C语言中的表达式是一种有值的语法结构，它由运算符将变量、常量、函数调用的返回值组合构成。一个变量或常量名也是表达式，表达式的值为其数值。

3.5.1 算术运算符与算术表达式

（1）基本的算术运算符

基本的算术运算符为加、减、乘、除、求余，共5种。

+　　–　　*　　/　　%

加法运算符“+”使得它两侧的值被加到一起。

减法运算符“–”用它前面的数减去后面的数。

乘法由“*”表示，C语言并没有计算平方的函数，也没有指数运算符，但可以利用乘法来计算平方。

除法由“/”表示。

如果除数和被除数都为整数时，得到的结果也是一个整数。

如果除法运算有浮点数参与运算，系统会将整型隐式转换为浮点类型，最终得到的结果会是一个浮点数，例如2510/1000，整数之间相除，得到的还是整数，会忽略2.51的小数部分，得到结果为2。而2.5/10，得到的结果为0.25。

符号“%”表示求余，求余运算的结果是两数相除后的余数。因此，参与运算的数值必须为整数，例如5%3值为2。运算结果的正负取决于被模数%左边的数的符号，与模数%右边的数的符号无关，比如（–5）%3值为–2，5%（–3）值为2。

算术符的优先级与数学相同。当不确定优先级的时候，可以通过添加小括号来提高优先级。

（2）条件运算符

C语言中还有一个条件运算符（?:），是C语言中唯一的三目运算符。

条件表达式的一般形式：

　　表达式1　？　　表达式2　：　　表达式3

如果表达式1成立，则整个表达式结果为表达式2的值，否则为表达式3的值。例如：

```
if ( a > b )
    max = a;
else
    max = b;
```

可用max = a > b ? a ： b; 简化程序代码。

（3）算术表达式

算术表达式由数和运算符组成，其计算与数学相同，并且表达式最终的值为其数学值，只是注意数据类型的区别，如2/3值为0。

（4）自增和自减运算符

自增运算符 + + ：使变量的值加1

自减运算符 - - ：使变量的值减1

例如：

```
x + +; //x的值加1，等效于x = x + 1;
y - - ; //y的值减1，等效于y = y - 1;
```

自增和自减运算符使程序看起来简洁。自增和自减运算只能用于左值，例如变量，常量不能使用自增和自减运算，例如3 + +；为不合法表达式。

自增和自减运算还有前置和后置两种方式，例如++x和x++， - - y和y - - ，具体区别请参考相关资料。

3.5.2 关系运算符和关系表达式

（1）基本的关系运算符

基本的关系运算符用来比较两个数的关系，共6种：

<　< =　>　> =　= =　! =

其中“= =”由两个连续的等号组成，中间不能有空格，表示判断两个数是否“相等”；“! =”由感叹号和等号组成，中间不能有空格，表示判断两个数是否“不相等”；大于等于“> =”和小于等于“< =”中，大于小于符号与等号之间也不能有空格。

（2）优先级

① 前4种大于后2种。

② 低于算术运算符而高于赋值运算符。

例如:

x = 4 > 1 + 2 = = 2

运算顺序是:

x =（4 > （1 + 2）= = 2）

x =（4 > 3 = = 2）

x =（（4 > 3）= = 2）

x =（1 = = 2）

x = 0

同样地，当不确定优先级的时候，可以通过添加小括号来提高优先级。

（3）结合性

结合性是同级优先级的情况下的运算顺序。关系运算符是左结合性，即在同级优先级时，运算是先算左边，即从左往右。例如:

3 > 2 < 4

运算顺序应该是:

（3 > 2）< 4

（4）关系表达式

关系表达式由数和关系运算符组成，经过关系运算后，最终有一个值即为关系表达式的值。关系表达式的值只有0（假）或1（真）。

例如:

3 < 4　　表达式结果为1

3 > 4　　表达式结果为0

值得注意的是，关系运算组合与数学不同，例如:

－2 < －1 < 0

数学上即为：－2小于－1，并且－1小于0，正确。而实际上运算根据左结合性，其运算为:

（－2 < －1）< 0

（1）<0

0

可见运算结果为假，表达式值为0，当需要进行连接时，需要使用下一节的逻辑运算符。

（5）与0做等于、不等于判断

一个数与0做相等和不相等判断，如果运算结果作为逻辑判断，则：

当需要使用a = = 0的关系表达式的结果值时，a = = 0可以用!a代替，例如 if（a = = 0）可以写成 if（!a）。

当需要使用a! = 0的关系表达式的结果值时，a! = 0可以用a代替，例如 if（a! = 0）可以写成 if（a）。

如果运算结果不是作为逻辑判断，则不能替换，例如：

y =（a! = 0）与y = a不等效。

3.5.3 逻辑运算符和逻辑表达式

有时，只用一个简单的关系表达式无法完整地表达一个条件，如：

$$y = \begin{cases} 1/x + 1/a & \text{当}x \neq 0\text{，}a \neq 0\text{时} \\ 10000 & \text{其他} \end{cases}$$

其中的条件需要用逻辑表达式来表达：x不等于0 并且a不等于0。“并且”就是一种逻辑运算。

在逻辑运算符中，操作数为0则视为假，非0则视为真，如1、2、−2、3.14均为真。

（1）逻辑运算符

① &&逻辑与。两个操作数都为真时&&运算结果为真，只有其中一个为假，则结果为假。例如：

（3 < 4）&& 3 两个都为真，结果为真

（3 < 4）&& 0 其中一个为假，则结果为假

（3 > 4）&& 0 两个都为假，则结果为假

② ||逻辑或。两个操作数都为假时||运算结果为假，只有其中一个为真，则结果为真。例如：

（3 > 4）|| 0 两个都为假，则结果为假

（3 < 4）|| 0 其中一个为真，则结果为真

（3 < 4）|| 3 两个都为真，结果为真

③ ! 逻辑非。逻辑非运算是单目运算，操作数为真（假）时为假（真）。例如：

!0 假变真

!（3 > 4）假变真

!3 真变假

!（3 < 4）真变假

!!3 真变假，3变0，再变真，0再变1，最终值为1

（2）优先级与结合性

优先级从高到低为：

逻辑非

算术运算符

关系运算符

逻辑与

逻辑或

赋值运算符

例如：

x = 1 < !3 + 2||3－2&&2 < 1

运算顺序是：

x =（1 <（（!3）+ 2）||（3－2）&&（2 < 1））

x =（1 < 2 || 1 && 0）

x =（（1 < 2）|| 1 && 0）

x =（1 || 1 && 0）

x =（1||（1 && 0））

x =（1 || 0）

x = 1

结合性：左结合性。

（3）逻辑表达式

逻辑表达式由数和逻辑运算符组成，逻辑表达式的值同样只有1和0，但参加逻辑运算的操作数可以是任意类型的数据，可以是任意大小。

3.5.4 赋值运算符和赋值表达式

（1）赋值运算符

"="称赋值运算符，其作用是将一个数据赋给一个变量。例如：

a = 5；

这里的一个等号是赋值运算符，将变量a的值赋为5，不能理解为"等号"，不是a的值与5相等。

（2）赋值规则

如果赋值运算符两侧的类型不一致，则在赋值时会自动进行隐式类型转换，转换规则为：

实型→整变量：舍去小数部分。

int a = 5.5；//a为5，舍去小数部分

整型→浮点型：数值不变，以浮点形式存储。

float x = 3；//以浮点形式存储3，相当于x为3.0

字符型→整型：取字符对应的ASCII码。

int x = 'a'；//x的值为 'a' 的ASCII码97

整型→字符型：取ASCII码表里的数字所对应的字符。如果整数不在ASCII表里，则可能出现乱码。

char x = 97；//x的值为ASCII表里97对应的字符'a'

（3）复合赋值运算符

在赋值运算符前加上其他运算符，可以构成复合赋值运算符。例如：

a + = 3即a = a + 3

b－ = x + 5即b = b－（x + 5）

x* = c－6即x = x*（c－6）

y/= a*4即y = y/（a*4）

k% = b－2 即 k = k%（b－2）

复合运算符用于提高代码效率。

（4）赋值表达式

一般形式：<变量>=<表达式>

作用：将右边表达式的值赋给左边的变量，将右边表达式的结果数据存入左边变量所对应的内存单元中。同时整个表达式可以得到一个最终的数值，其结果为赋值符号右侧表达式运算的结果。即（a = 2 + 3）这个表达式的值等于变量（2 + 3）运算之后的值5。

注意右边的表达式可以是任意表达式，例如x =（2 > 3），x值为0；x =（y = 4 + 5），x的值为9。

（5）结合性

赋值运算符的优先级低于所有算术运算符，且是右结合性。例如：

a =（b = 5）与 a = b = 5 等效。

3.6 程序基本结构

在C语言程序中，有三种基本程序结构：顺序结构、选择结构、循环结构。由这三种基本结构可以构成更多的复杂结果。

3.6.1 顺序结构

顺序结构是按固定顺序（从上到下或从左到右）执行的结构，从头到尾一句接着一句地执行下来，直到执行完最后一句，是最简单的结构。

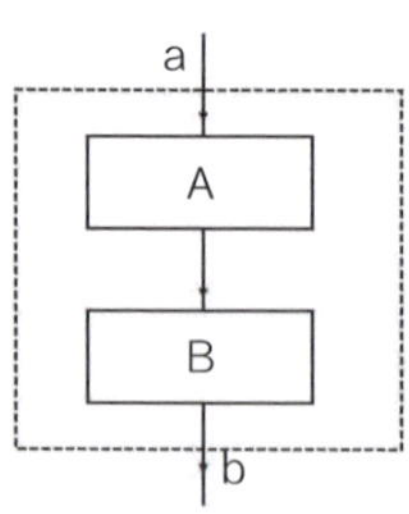

程序代码运行则是从前往后依次运行。

```
void fun(void)
{
    move(127,0);      wait1Msec(500);
    move(-127,0);     wait1Msec(300);
    move(50,0);
    wait1Msec(100);
    move_stop();
}
```

3.6.2 选择结构

选择结构是程序运行到某个节点后，会根据一次判断的结果来决定之后向哪一个分支方向执行。

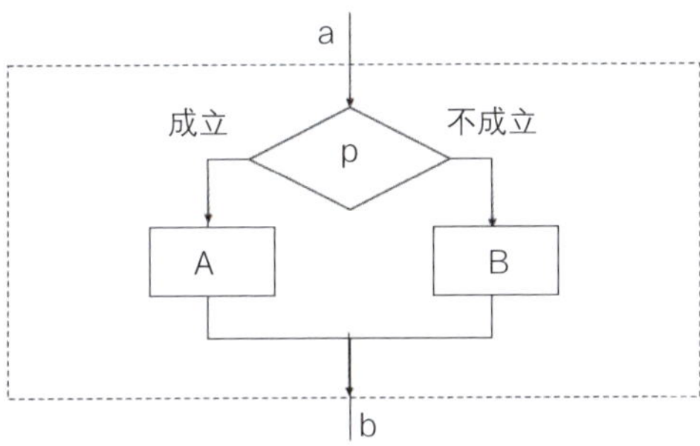

选择结构最典型的是if-else语句和switch-case语句，if-else语句主要实现二选一，而switch-case语句主要实现多选一。

（1）if-else语句

if语句的常见形式为：

① if语句。

    if（表达式1）
        语句1；

当表达式1结果为非0时，则运行语句1。

② if-else语句。如果需要在表达式1结果为0时，执行一个语句，则可以添加else，即：

    if（表达式1）
        语句1；

```
else
    语句2;
```

当表达式1结果为非0时，则运行语句1。如果表达式1结果为0时，执行语句2。

如果需要执行多个语句，则可以通过花括号{ }将多个语句括起来形成语句块，即：

```
if（表达式1）
{
    语句1-1;
    语句1-2;
    语句1-3;
    ……
}
else
{
    语句2-1;
    语句2-2;
    语句2-3;
    ……
}
```

if语句不可分割，以下形式有错误：

```
1 if(x > 0)
2     y = 1 / x;
3     z = 10; //这一句代码将if分割了
4 else
5     y = 10000;
```

当if条件成立需要执行“z = 10；”这句代码的话，需要使用花括号将第2、3行代码括起来。

③ if-else if-else语句。

```
if（表达式1）
    语句1;
else if（表达式2）
    语句2;
else if（表达式3）
```

        语句3;
        ……
    else
        语句n;

if-else if-else语句，判断表达式1，成立则执行语句1，不成立则继续判断表达式2，成立则执行语句2，不成立则继续判断表达式3……以此类推。同时，如果最后一个else没有需要执行的语句，else还可以省略。

④ if语句的嵌套。

if-else语句还可以嵌套，例如：

```
if（表达式1）
{
    if（表达式1-1）
        语句1;
}
else
{
    if（表达式2）
        语句2;
}
```

if-else使用示例：

```
if(1)//intake
{
    if(key_intake_in && !key_intake_out)
    {
        if( is_shoot_ready)
            intake_set_pwr(120);
        else
            intake_set_pwr(0);
    }
    else if(!key_intake_in && key_intake_out)
        intake_set_pwr(-120);
    else
    {
        if(key_force_intake_in)
            intake_set_pwr(120);
        else
            intake_set_pwr(0);
    }
}
```

注意 else与前面最近的且尚未配对的if配对，为了if-else程序更加清晰，可以使用花括号将代码括起来，并缩进代码。

（2）switch-case语句

switch-case语句适用于根据一个表达式的值就可确定走哪个分支的情况，常见形式为：

```
switch（表达式0）
{
    case 表达式1:语句1；
    case 表达式2:语句2；
    ……
    case 表达式n：语句n；
    default:语句n + 1；
}
```

程序将先计算表达式0的值，先与各个case中的值进行比较。如果匹配到case，则执行匹配case后的语句；当所有case都不匹配时，则匹配default，并执行default后的语句。

注意 在执行匹配语句之后，程序也将继续执行匹配到的case或者default后面剩余的所有语句，会造成一选多的情况。

如果需要实现多选一，在匹配case时，仅仅执行匹配case后的语句，则需要添加break语句，switch中遇到break语句，则将跳出switch语句。示例如下：

```
switch（表达式0）
{
    case 表达式1:语句1；break；
    case 表达式2:语句2；break；
    ……
    case 表达式n：语句n；break；
    default:语句n + 1；break；
}
```

另外如果在匹配case后需要执行多条语句，则可以在break和case直接直接添加即可，可以不用花括号括起来形成语句块，即：

switch（表达式0）

{

case 表达式1:

语句1-1；

语句1-2；

语句1-3；

……

break；

case 表达式2:语句2；break；

……

case 表达式n：语句n；break；

default:语句n + 1；break；

}

switch-case使用示例：

```
void auto_manager()
{
    switch(Route)
    {
        case 1:
            auto_route_1();
            break;
        case 2:
            auto_route_2();
            break;
        case 3:
            auto_route_3();
            break;
        default:
            auto_route_1();
            break;
    }
    stop_all_motors();
}
```

注意

① case后表达式的数值必须是常数，而且必须是整型，且不同case后的值不允许相同。

② 一般来说，每个case中代码段后都必须有一个break，实现多选一。

③ case之后一般都会有default，虽然语法上允许没有default，但是建议写代码时一定要写。

3.6.3 循环结构

循环结构是指在程序中需要反复执行某个功能而设置的一种程序结构。循环结构可以减少源程序重复书写的工作量，用来描述重复执行某段算法的问题，这是程序设计中最能发挥计算机特长的程序结构。

C语言中提供四种循环，即while循环、do-while循环、for循环和goto循环。四种循环可以用来处理同一问题，一般情况下它们可以互相替换，但一般不提倡用goto循环，因为强制改变程序的顺序经常会给程序的运行带来不可预料的错误，建议实践中主要使用while、do-while、for三种循环。

（1）while循环

while循环是当型循环结构，在每次执行循环体前，对条件进行判断，当条件满足时，执行循环体，否则终止循环，即先判断后执行，理解起来就是：当条件满足，执行代码。

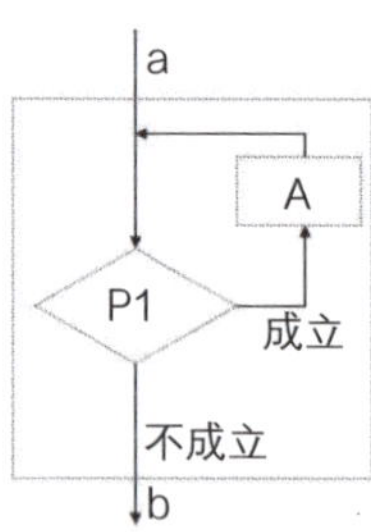

当型循环

其一般形式为：

```
while（表达式）
    循环体语句;
```

执行过程是先求解表达式，如果表达式非0，则执行循环体语句，否则不执行，并终止循环。while的循环体语句只有一句，如果需要执行多句循环体，则需要语句块。

```
while（表达式）
{
    循环体语句1;
    循环体语句2;
    ……
}
```

死循环：

while循环中一种常用的循环是死循环，其表达式一般为1或true，即：

```
while（1）
{
    循环体;
}
```

例如，计算$s=1+2+3+4+5+6+7+8+9+10$。

RobotC中，while循环使用示例：

```
void fun(void)
{
    int  i = 1, s = 0;
    while(i <= 10)
    {
        s = s + i;
        i++;
    }
    writeDebugStream(“s=%d\n”, s);
}
```

（2）do-while循环

do-while循环是直到型循环结构，在执行了一次循环体后，对条件进行判断，如果条件不满足，就继续执行，直到条件满足终止循环，即先执行后判断，理解起来就是：执行代码，直到条件不满足。

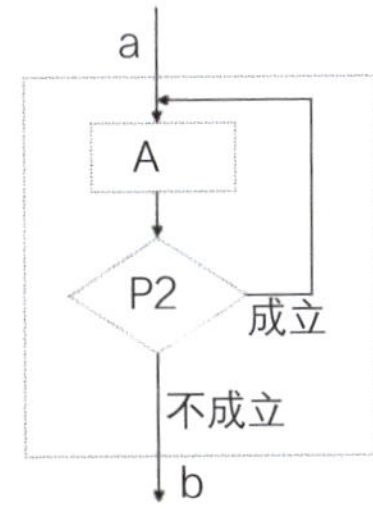

直到型循环

其一般形式为：

```
do
    循环体语句;
while（表达式）;
```

执行过程是先执行循环体语句，然后求解表达式，如果表达式非0，则继续执行循环体，否则终止循环，可见循环体至少会被执行一次。while的循环体语句只有一句，如果需要执行多句循环体，则需要语句块。

```
do
{
    循环体语句1;
    循环体语句2;
    ……
}while（表达式）;
```

例如，计算$s = 1 + 2 + 3 + 4 + 5 + 6 + 7 + 8 + 9 + 10$。

RobotC中，do-while循环使用示例：

```
void fun(void)
{
    int  i = 1, s = 0;
    do
    {
        s += i;
        i++;
    }
    while(i <= 10);
    writeDebugStream("s=%d\n", s);
}
```

（3）for循环

其一般形式为：

```
for（表达式1; 表达式2; 表达式3）
    循环体;
```

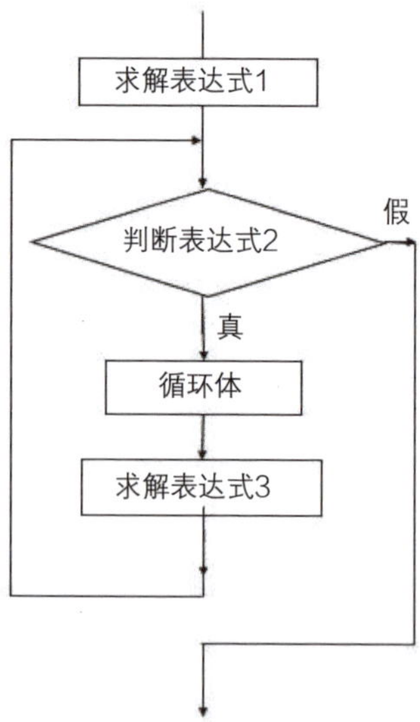

其执行过程如下所示，同样地，如果需要执行多句循环体，则需要语句块。

for循环括号中的表达式，还可以省略。例如：

省略表达式1：

```
int s = 0, i = 1;
for（; i<=10; i++）
    s+=i;
```

省略表达式2:

```
int s = 0;
for ( i = 1; ; i + + )
{
    s + = i;
    if ( i > 10 )
        break; //终止循环
}
```

省略表达式3:

```
int s = 0, i;
for ( i = 1; i < = 10; )
{
    s + = i;
    i + +;
}
```

表达式1、2、3还可以全部省略，构成死循环:

```
for ( ; ; )
{
    循环体;
}
```

例如，计算$s = 1 + 2 + 3 + 4 + 5 + 6 + 7 + 8 + 9 + 10$。

RobotC中，for循环使用示例:

```
void fun(void)
{
    int  i, s = 0;
    for(i=1; i<=10; i++)
    {
        s+=i;
    }
}
```

例如，计算1～100中能被3整除的数之和。

RobotC中，for循环使用示例：

```
void fun(void)
{
    int  i, s = 0;
    for(i = 1; i <= 100; i++)
    {
        if( i % 3 == 0 )
            s += i;
    }
    writeDebugStream("s=%d\n", s);
}
```

（4）goto循环

goto是跳转语句，可以跳转到指定的代码处，而指定的代码需要先通过给语句添加标签（lable），其一般形式是：

标签名：语句；

标签名是一个标识符，命名规则与变量名相同。标签的作用相当于给程序语句添加一个名字。

需要程序跳转到指定语句处，其一般形式为：

goto 标签名；

当goto 到之前的语句时间，即可构成循环，例如：

int x = 0；

lable_dead_loop:　　　x + +；

goto lable_dead_loop；

例如，计算$s = 1 + 2 + 3 + 4 + 5 + 6 + 7 + 8 + 9 + 10$。

RobotC中，goto循环使用示例：

```
void fun(void)
{
    int i = 1, s = 0;
start:
    s += i;
    i++;
    if(i <= 10)
        goto start;
    else
        goto print_answer;

    i = 0;
print_answer:
    writeDebugStream("s=%d\n", s);
}
```

注意

goto可以向前也可以向后，但是goto的标签必须在同一个函数内。使用goto构成的循环，也可以由其他循环方式构成，并且goto语句容易破坏结构化程序设计，因此不主张用。一般来说，goto跳出深层的循环时比较简洁。

(5) 循环嵌套

在一个循环体语句中又包含另一个循环语句，称为循环嵌套。内嵌的循环还可以再嵌套循环，构成多层循环。while循环、do-while循环和for循环可以相互嵌套。

例如，打印乘法口诀表。

RobotC中，for循环嵌套使用示例：

```
task main()
{
    int x,y;
    for ( x = 1; x <=9; x++)
    {
        for ( y = 1; y <= x; y++)
        {
            writeDebugStream("%dx%d=%-2d ",y, x, x*y);
        }
        writeDebugStream("\n");
    }
}
```

RobotC调试流窗口打印结果：

```
Debug Stream
File

1x1=1
1x2=2  2x2=4
1x3=3  2x3=6  3x3=9
1x4=4  2x4=8  3x4=12 4x4=16
1x5=5  2x5=10 3x5=15 4x5=20 5x5=25
1x6=6  2x6=12 3x6=18 4x6=24 5x6=30 6x6=36
1x7=7  2x7=14 3x7=21 4x7=28 5x7=35 6x7=42 7x7=49
1x8=8  2x8=16 3x8=24 4x8=32 5x8=40 6x8=48 7x8=56 8x8=64
1x9=9  2x9=18 3x9=27 4x9=36 5x9=45 6x9=54 7x9=63 8x9=72 9x9=81
```

（6）break与continue改变循环状态

① break终止循环。break语句可以使程序跳出switch-case语句，break还可以用来跳出包含它的循环体，提前终止循环，从而继续执行循环下面的语句。

其一般形式为：

break；

例如，寻找1～100中从小到大第一个能被7整除但是不能被3整除的数，并打印出来。RobotC程序示例：

```
1  task main()
2  {
3      int x;
4      for ( x = 1; x <= 100 ; x++)
5      {
6          if(x % 7 == 0  && x % 3 != 0 )
7              break;
8      }
9      writeDebugStream("%d\n", x);
10 }
```

本题答案是7，最终打印的结果也是7，即程序执行了break语句后，直接跳出循环到第9行，并没有执行x＋＋。

注意 break不能用于循环语句和switch语句之外的其他语句中。

② continue结束本次循环。continue语句的作用是结束本次循环，进入下一次循环，即跳过循环体中下面的尚未执行的代码。对于while循环和do-while循环，遇到continue，则直接进行下一次判断。对于for循环，遇到continue，需要先执行表达式3（for循环小括号中的第3个表达式），然后去判断表达式2。

例如，打印1～10中不能被3整除的数。RobotC程序示例：

```
task main()
{
    int  i ;
    for ( i = 1; i <= 10; i++)
    {
        if(i%3==0)
            continue;
        writeDebugStream("%d\n",i);
    }
}
```

打印结果：

```
Debug Stream
File

1
2
4
5
7
8
10
```

程序没有打印能被3整除的3、6、9。程序执行过程中，例如当i为3时，第6行的if条件成立，执行continue语句，因此跳过第8行的打印语句，继续执行for循环的表达式3，i + + 后为4，再次判断for循环的表达式2，满足条件，到了第6行的if判断时，条件不成立，继续执行第8行的打印语句，打印出数字4。

3.7 函数

3.7.1 为什么要使用函数

数学中的函数，例如一次函数、三角函数，是自变量与变量之间的关系，即给定一个或多个参数，经过一定的关系计算后得到一个值。程序上的函数比数学的函数意义更加广泛。函数的英文单词是“function”，意思是“功能”。程序中的函数，本质上就是一些代码的集合，用来实现一些特定的“功能”。

函数是一组一起执行一个任务的语句，一般把其中相对独立的算法和功能定义成一个独立的函数，以供需要的地方调用。每个C程序都至少有一个函数，即主函数main（），程序也是从main（）函数开始运行。各个函数是平等的，没有从属关系，函数里不可以定义另外一个函数，只能是一个函数调用另外一个函数。

函数的优点：

① 减少重复代码。

② 便于分工合作。

③ 便于阅读。

④ 便于移植独立算法的代码。

例如，调用函数简单例子。RobotC程序示例：

```
//函数定义
void print_split_line()
{
    writeDebugStream("*****");
    writeDebugStream("----");
    writeDebugStream("*****\n");
}

//函数定义
void print_message()
{
    writeDebugStream("Hello World!\n");
}

task main()
{
    clearDebugStream();//库函数调用
    print_split_line();//函数调用
    print_message();//函数调用
    print_split_line();//函数调用
}
```

运行效果：

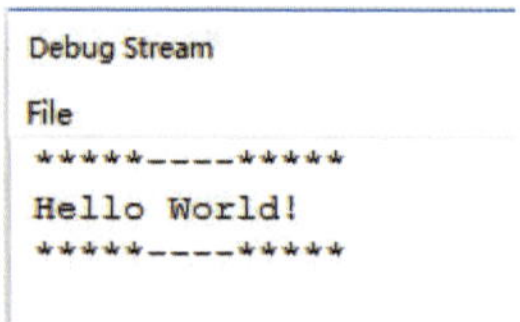

可见，在taskmain（ ）中的代码通过调用函数，main（ ）的内容变得很简洁，并且通过给函数定义合理的名字，可以根据函数名猜测函数的功能，而不需要关心函数具体是怎样实现这些功能。

3.7.2 函数的定义

（1）函数的定义的一般形式

C语言中的函数定义的一般形式如下：

返回类型函数名（形式参数列表）

{

函数主体

}

在C语言中，函数由一个函数头和一个函数主体组成。下面列出一个函数的所有组成部分：

返回类型：一个函数可以返回一个值。返回类型是函数返回的值的数据类型。有些函数执行所需的操作而不返回值，在这种情况下，返回类型是关键字void。

函数名称：这是函数的实际名称。函数名和参数列表一起构成了函数签名。

形式参数列表：函数定义时，小括号里的参数是形式参数，简称形参，形参就像是占位符。当函数被调用时，向参数传递一个值，这个值被称为实际参数，简称实参。参数列表包括函数参数的类型、顺序、数量，并且每一个参数的类型都必须写出来，多个形参使用逗号隔开。

形参是可选的，也就是说，函数可能没有参数，此时参数列表是关键字void，一般情况下void可以省略。

函数主体：函数主体包含一组定义函数执行任务的语句。

例如，定义函数，求两个整数中的较大者。

```
int max（int x，int y）
{
    int z;
    if（x > y）
        z = x;
    else
        z = y;
    return（z）;
}
```

其中函数返回类型为int，即最后返回值的类型为int。max为函数名。形式参数列表中有x和y两个变量，两个形式参数都为int，并且每个参数的类型都不能省略。函数的主体是通过一定的算法得到形参x和y中的较大者，并通过return语句返回较大者。

（2）函数返回值

程序在调用时，希望通过被调用的函数而得到一个确定的值，这个值就是函数的返回值。例如上例中的max（3，4）得到的值就是4，max（5，－1）得到的值就是5。通过赋值语句还可以将这个值赋值给其他变量，例如：

```
int x = max（3，4）;
```

函数的返回值用return语句输出。return语句的一般形式：

```
return 表达式;
```

同时，如果函数体中执行return语句，则函数将直接返回，return下面剩余的未运行的程序也将跳过，即return将终止函数的运行，程序的运行将回到本函数被调用处。

例如：

```
int max（int x，int y）
{
    int z；
    return 0；//函数返回0，下面的代码将不再运行

    if（x > y）
        z = x；
    else
        z = y；
    return（z）；
}
```

（3）空函数

有时候不需要函数给出返回值，例如让函数打印出一行“*”。只需要函数做出一些事情，但是不需要函数给出一个返回值。这样的函数称为空函数，其返回类型用void定义，即：

```
void函数名（形式参数列表）
{
    函数主体
}
```

例如，定义打印分隔线函数：

```
void print_split_line（）
{
    writeDebugStream（"*****"）；
    writeDebugStream（"----"）；
    writeDebugStream（"*****\n"）；
}
```

特别地，当函数返回类型是void时，return后面不能带表达式，即只能：

```
return；
```

此时return语句的作用仅仅是终止函数，使程序的运行回到本函数被调用的地方。

（4）无参函数

函数的参数使得函数变得非常灵活，例如给出参数，使函数打印出指定数量的“*”符号。有时候，函数不需要参数，例如函数打印出指定固定数量的“*”符号。这样的函数称为无参函数，其形式参数列表使用void，一般情况下，void还可以省略。

无参函数定义的一般形式：

```
返回类型函数名（void）
{
    函数主体
}
```

3.7.3 函数的调用

（1）函数调用的形式

函数的调用即使用函数，函数调用的一般形式：

函数名（实参列表）

在调用函数时，小括号里的具体的参数称为实参，如果有多个实参，则用逗号将实参隔开，实参与形参的个数应该相等，类型应该匹配。实参按照形参列表的顺序，向形参依次传递数据，赋值给形参。注意调用函数时，不写函数返回类型。

例如：

```
max（2，3）；
```

如果函数有返回值时，函数的返回值还可以通过赋值符号“=”赋值给变量，例如：

```
x = max（2，3）；
```

特别地，当函数没有参数时，实参列表里也可以没有，但是小括号不能省略。例如打印分割线函数：

```
print_split_line（）；
```

根据函数调用的位置，函数调用有以下几种方式。

① 普通函数语句。

```
print_split_line ( ) ;
```

将函数调用作为一个独立的程序语句，这时不要求函数有返回值，或者主调函数忽略被调函数的返回值。

② 函数表达式。

```
c = 2*max ( 4, 5 ) ;
```

函数出现在表达式中，函数看作一个整体，函数的返回值参与表达式的运算，这时要求函数必须带有返回值。

③ 函数实参。

```
printf ( "%d", max ( 2, 3 ) ) ;
```

函数的调用作为另一个函数的实参，实际上是将其返回值再次作为实参传递给外部函数。

特别地，函数还可以将自己作为实参调用自己，例如：

```
x = max ( a, max ( b, c ) ) ;
```

max（b，c）会进行一次max的调用，并将其返回值再一次作为外部max的实参，进行第2次的调用。x的值是a、b、c中的最大者。

（2）函数参数的传递方式

当函数没有发生调用时，函数里的形参并没有被分配内存。只有在调用函数时，形参才被分配内存。

函数的实参实际上是一个表达式，可以是常量，可以是变量，甚至可以是其他具有返回值的函数。

例如：

```
max ( A, 2*B ) ; //A, B是常量
max ( 2, a + b ) ; //a, b是变量
max ( 3, max ( 3, 6 ) ) ; //有返回值的函数做实参
```

调用函数时，实参传递给形参，实际上是“值传递”，相当于每一个实参都通过赋值运算给形参赋值。实参和形参占有不同的内存单元，在函数中修改形参不会影响实参。

例如RobotC程序示例:

```
1   void fun(int x)
2   {
3       x = 0;
4   }
5
6   task main()
7   {
8       int y = 1;
9       fun(y);
10      writeDebugStream("y=%d\n", y);
11  }
```

函数fun中将形参x改写成0，task main通过函数fun，并将变量y作为实参传动给fun，调用函数fun之后，到第10行，y值并没有改变。

注意

当实参与形参类型不相同时，系统会自动隐式转换，例如float转化为int去掉小数部分。如果转换非法，则编译器会报错。

C语言中，函数参数还有引用传递和指针传递的方式，具体请参考相关资料。

（3）函数的声明

函数调用RobotC程序示例:

```
//函数定义
void print_split_line()
{
    writeDebugStream("*****");
    writeDebugStream("----");
    writeDebugStream("*****\n");
}

//函数定义
void print_message()
{
    writeDebugStream("Hello World!\n");
}

task main()
{
    clearDebugStream();//库函数调用
    print_split_line();//函数调用
    print_message();//函数调用
    print_split_line();//函数调用
}
```

可以注意到，在一个函数（主调函数）调用另一个函数（被调函数）时，被调函数必须是已经定义的函数，即被调函数的定义应该在主调函数的前面（同一个文件中）。如上段程序中，main（）调用print_message（）和print_split_line（），这两个被调函数都必须定义在main（）之前。

如果需要将主调函数放在被调函数前面，则需要对被调函数进行声明，表明有这样的一个函数存在，具体的定义位置，编译器后期会自动去寻找，如果找不到，则编译器将会报错。可见，声明的目的是为了在定义前使用。

函数声明的一般形式：

返回类型函数名（形式参数列表）；

函数声明中的参数列表、返回值类型、函数名与函数的定义相同，只是没有花括号及其函数体，并在小括号后直接加上分号。另外，函数声明时，参数列表中的各个参数名可以省略，但是参数的类型不能省略。

函数声明RobotC程序示例：

```
void print_split_line(); //函数声明

//函数定义
void print_message()
{
    writeDebugStream("Hello World!\n");
}

task main()
{
    clearDebugStream();//库函数调用
    print_split_line();//函数调用
    print_message();//函数调用
    print_split_line();//函数调用
}


//函数具体定义
void print_split_line()
{
    writeDebugStream("*****");
    writeDebugStream("----");
    writeDebugStream("*****\n");
}
```

3.7.4 函数的嵌套调用

C语言的函数定义是相互独立、相互平行的，没有从属关系，函数里不可以定义另外一个函数，但是函数里可以调用另外一个函数，称为嵌套调用。被调用的函数还可以再次调用其他函数，形成多层嵌套。

例如，主函数调用函数A，函数A再调用B，程序运行的过程如下图所示。

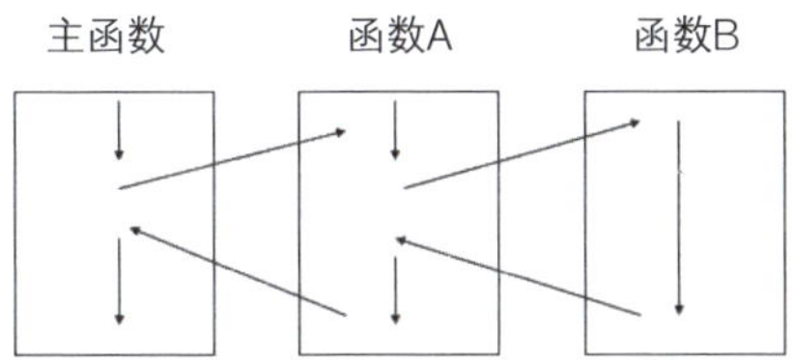

嵌套调用RobotC程序示例:

```
//函数定义
void print_message()
{
    writeDebugStream("Hello World!\n");
}

//函数定义
void print_split_line()
{
    writeDebugStream("*****");
    writeDebugStream("----");
    writeDebugStream("*****\n");
}

//函数定义
void print_all()
{
    print_split_line();//函数调用
    print_message();//函数调用
    print_split_line();//函数调用
}

task main()
{
    clearDebugStream();//库函数调用
    print_all();//函数调用
}
```

3.7.5 局部变量与全局变量

形参变量只在被调用期间才分配内存单元，调用结束立即释放。这一点表明形参变量只有在函数内才是有效的，离开该函数就不能再使用了，这称为变量的作用域。所谓作用域（Scope），就是变量的作用范围。不仅对于形参变量，C语言中所有的变量都有自己的作用域。变量定义的方式不同，其作用域也不同。C语言中的变量，按作用域范围可分为两种：局部变量和全局变量。

（1）局部变量

定义在函数内部的变量称为局部变量，其作用域仅限于函数内，只能在该函数内使用。形参变量、在函数体内定义的变量都是局部变量。离开该函数后再使用这些局部变量是错误的，因此，可以在不同的函数中使用相同的变量名，它们代表不同的对象，分配不同的单元，互不干扰，也不会发生混淆。

局部变量作用域仅限于本函数内，RobotC程序示例：

```
int f1(int a)
{
    int b=2, c=3;   //f1中的形参a,以及内部定义的b,c仅在函数f1()内有效
    return a + b + c;
}

int f2(int a)
{
    int b=2, c=3;  //f2函数中的a,b,c与f1中的a,b,c没有任何关系，仅仅是名字相同
    return a + b + c;
}


task main()
{
    int m, n; //m,n仅在函数main()内有效
    int a=1,b=2,c=3;// main函数中的a,b,c与f1、f2中a,b,c 也没有任何关系

    m=f1(a,b,c);//此处实参a,b,c是main函数中的局部变量a,b,c
    n=f2(a,b,c);//此处实参a,b,c是main函数中的局部变量a,b,c
}
```

注意 main函数中定义的变量也是局部变量，只能在main函数中使用；同时，main 函数中也不能使用其他函数中定义的变量。main 函数也是一个函数，与其他函数地位平等。

特别地，在语句块中也可定义变量，它的作用域只限于当前语句块。例如RobotC程序示例：

```
task main()
{
    int x=1;
    {
        int x=2;
        writeDebugStream("%d\n",x);
    }
    writeDebugStream("%d\n",x);
}
```

打印结果:

```
Debug Stream
File

2
1
```

（2）全局变量

在所有函数外部定义的变量称为全局变量。在一个源文件中，它的作用域是从定义的位置，一直到该源文件的结束。对全局变量定义处后面的所有函数都是可见的，这些函数都可以使用，全局变量主要用于作为不同函数间数据传递的桥梁。

全局变量使用RobotC程序示例:

```
1  int x = 0;//全局变量
2  
3  void f1()
4  {
5      writeDebugStream("%d\n", x);
6      x=1;
7  }
8  
9  void f2()
10 {
11     writeDebugStream("%d\n", x);
12 }
13 
14 task main()
15 {
16     int x = -1;//局部变量1
17     {
18         int x = -2;//语句块中的局部变量2
19         writeDebugStream("%d\n", x);
20     }
21     writeDebugStream("%d\n", x);//局部变量1
22 
23     f1();
24     f2();
25 }
```

在局部变量的作用范围内，外部变量被“屏蔽”。例如第19行，屏蔽了局部变量1和全局变量。第21行屏蔽了全局变量。

打印结果:

```
Debug Stream
File

-2
-1
0
1
```

3.8 #include头文件

在编写程序时，当程序代码过多，或者函数过多，按照函数功能需要分成不同的类型时，可以将代码写到不同的文件中。例如关于数学的函数（如三角函数、幂函数等）的定义可以放到math.c中，通过#include指令包含到调用的文件中，从而使用math.c中的函数。

在程序被编译前，编译器会将被包含的文件包含到本文件中，成为本程序的一部分。这种在编译前所做的工作称为预编译处理。这些处理是编译器在编译前完成，而不是在程序的运行期间完成。实际上，带有#号的语句都是预处理指令，例如宏定义#define、条件编译#if等。

文件包含指令的一般形式：

#include "文件名"

或：

#include < 文件名 >

一般情况下，使用系统里提供的头文件时使用尖括号，使用用户自己编写的头文件时使用双引号。

例如，在square.c文件中定义square（ ）函数，main.c文件中通过#include语句包含square.c，并使用square（ ）函数。RobotC程序示例：

---square.c文件开始---

```
float square(float x)
{
    return x*x;
}
```

---square.c文件中结束---

---main.c文件开始---

```
#include “square.c”


task main ( )
{
    float x = square ( 5.5 ) ;
}
```

---main.c文件结束---

通过#include语句包含另外一个文件，相当于将被包含中的内容插入到本文件中。当多个源文件包含同一个源文件时，该源文件中定义函数就会出现重复定义的现象，编译器也会报错。关于重复包含的问题具体请查看相关资料。

C语言中，一般文件后缀是.c的文件称为源文件，后缀是.h的文件称为头文件（header）。#include可以包含源文件，也可以包括头文件。为了避免重复包含的问题，一般情况下，头文件中是对函数和变量的声明，源文件中是对函数和变量的定义，并且相应的头文件和源文件文件名相同，例如square.c和square.h。

在编写C程序时，经常见到#include < stdio.h >，其实就是通过包含系统的库头文件，从而可以使用系统自带的库函数，例如printf。

注意

RobotC编译器对重复包含问题做了很好的处理，用户可以不必在意重复包含问题，需要使用其他文件中的函数时，尽管包含即可。

第4章 机器人实用算法

4.1 等待事件

当需要在程序里等到某个事件a发生（用A表示该事件发生），才使程序继续往下执行时，统一的算法可以是：

while（！ A）{ }

表示只要a还没有发生时，会一直停留在while（!A）里，同时还可以在{ }里添加在等待a发生的同时执行的一些代码，例如LED闪烁等。

注：在空等时，即{ }里为空时，并且程序具有多任务时，可以在{ }里添加wait1Msec（5），将CPU交给其他任务，同时5ms几乎不影响等待A发生，即：

while（！ A）{wait1Msec（5）；}

注：本章示例程序中，函数都没有定义，根据其函数名和注释可以知道该函数的作用。

4.1.1 等待按键

（1）等待按键按下

遥控按键按下，等同于该按键的值等于1。例如等待VEX遥控按键Btn5D按下，即是等待（vexRT[Btn5D]＝＝1），因此按照while（！ A）{ }的算法，即是：

while（!（vexRT[Btn5D]＝＝1））{ }

简化后可以为：

while（vexRT[Btn5D]＝＝0）{ }

while（!vexRT[Btn5D]）{ }//只要vexRT[Btn5D]为0就会一直等

注：如果{ }里是空的，则可以省略{ }，简化为while（!vexRT[Btn5D]）；但是此时RobotC则会显示有警告“*Warning*:'; 'found following 'while' statement. Is this intentional?”，可忽略。

（2）等待按键松开

遥控按键松开，等同于该按键的值等于0，示例代码如下：

while（!（vexRT[Btn5D] = = 0））{ }

while（vexRT[Btn5D] = = 1）{ }

while（vexRT[Btn5D]）{ }

在实际手动程序里，经常使用等待按键松开，例如控制气缸时，使用一个按键，按一次，气缸就伸出，再按一次，气缸就缩回。如果不等待按键松开，即使人手松开按键再快，对于CPU执行代码来说也是很长的时间。如果CPU再次执行到扫描这个按键处时，气缸电磁阀就立刻又反向，看到的效果是，按一下按键，气缸电磁阀反向多次，松开后气缸可能伸出，可能缩回。

示例程序：

```
---示例程序开始---
#pragma config（Sensor, dgtl1, cylinder, sensorDigitalOut）
//*!!Code automatically generated by 'ROBOTC' configuration wizard
                                                              !!*//
task main（）
{
    SensorValue[cylinder] = 1; //先把气缸伸出
    while（1）
    {
        if（vexRT[Btn5D]）//按下按键
        {
            SensorValue[cylinder] = ! SensorValue[cylinder]; //先执
行气缸反向
            while（vexRT[Btn5D]）; //再等按键松开
              //注：如果需要松开之后才执行操作，则将操作放在等按键松开之后
```

```
        }
    }
}
```

---示例程序结束---

注：有时候需要等待按下并且松开后才继续运行，则为

while（!key）；while（key）；

（3）等待按键通俗的宏定义

#define wait_for_press（key） { while（!key）{wait1Msec（5）；} }//空等按键按下

#define wait_for_release（key） { while（key）{wait1Msec（5）；} }//空等按键松开

#define while_not_pressing（key） while（！ key）//松开按键时的操作，后面用{ }来包含操作

#define while_pressing（key） while（key）//按着按键时的操作，后面用{ }来包含操作

示例程序：

---示例程序开始---

```
task main（）
{
    wait_for_press（vexRT[ Btn5D]）；//空等按键Btn5D按下
    while_pressing（vexRT[ Btn5D]）//按键Btn5D已经按下，只要不松开就一直打印
    {
        writeDebugStream（"You Are Pressing Btn5D"）；//按着按键时的操作
        wait1MSec（100）；//间隔100ms打印一次
    }
}
```

---示例程序结束---

4.1.2 等待传感器

① 0-1值传感器，如限位开关，bumper等，其值只有0或者1。

限位开关按下，即等待该限位开关Sor_Limit的值等于0，即（SensorValue[Sor_Limit] = = 0），程序为：

while（!（SensorValue[Sor_Limit] = = 0））{ }

简化为：

while（SensorValue[Sor_Limit] = = 1）{ }

while（SensorValue[Sor_Limit]）{ }//只要SensorValue[Sor_Limit]为1就会一直等

限位开关松开，等同于该按键的值等于0，示例代码如下：

while（!（SensorValue[Sor_Limit] = = 1））{ }

while（SensorValue[Sor_Limit] = = 0）{ }

while（! SensorValue[Sor_Limit]）{ }

② 非0-1值传感器，例如编码器、角度传感器、超声波等，其数值有很多，不只是0和1，此时需要使用范围来确定传感器时间发生才能有效避免判断。例如机器人向前进编码器enc_move值会变大，需要跑到值为50，而当前值为0，则示例程序为：

---示例程序开始---

```
task main（）
{
    go_forward（）；//向前行
    while（!（SensorValue[enc_move] > 50））；//简化为while（Sensor
Value[enc_move] < = 50）；
    move_stop（）；//底盘停止运动
}
```

---示例程序结束---

4.1.3 等待超时

在程序中，经常需要等待传感器，例如给机器人的抬升部件上安装限位开关传感器，自动程序中，需要将机器人降到最低处，再执行其他动作。但是有时候限位开关会出现故障，例如坏掉、接线掉落、松动导致最低处不能碰到限位开关等，如果程序中不做超时处理，则机器人到了最低处还会一直试图继续下降，此时机器人会出现打齿，甚至变形等故障。

等待传感器中假如超时处理，示例如下：

---示例程序开始---

```
void auto_func ( )
{
    rise_down ( ); //抬升下降
    clearTimer ( T1 ); //清除定时器，定时器自动后台计时
    while ( time1[T1] < 2000 ) //设置2s超时
    {
        if ( SensorValue[limit_rise_lowest]==1 ) //最低处下限位开关触
碰到
            break;
    }

    go_on ( ); //继续执行后续程序

}
```

---示例程序结束---

4.2 事件发生时的操作

当程序中在事件b发生时（用B表示事件b发生），需要做一些操作，直到该事件不发生才停止，统一的算法是：

```
while ( B )
{
    DoSomething ( ); //理解成：只要B不停，就一直DoSomething ( );
}
```

例如，只要按着Btn7L，就把右摇杆的Ch2的值传递给抬升，而松开Btn7L，则

右摇杆就是用来控制底盘。程序为：

---示例程序开始---

```
task main()
{
    while(1)
    {
        if(vexRT[Btn7L])
        {
            Move_stop(); //底盘停下来，按键事件的前处理
            while(vexRT[Btn7L]) //只要按着Btn7L
            {
                Lift(vexRT[Ch2]); //抬升函数，vexRT[Ch2]的值传递给抬
升，控制抬升功率
            }
            do_something_after(); //松开按键的后处理
        }
        Robot_Move(vexRT[Ch3], vexRT[Ch2]); //平时vexRT[Ch2],
vexRT[Ch3]的值就传递给底盘，用来控制机器人的底盘前进和转弯
    }
}
```

---示例程序结束---

4.3 程序里选择场地、自动方案等

为了避免每次换场地或者改变自动程序路线都必须重新下载程序的麻烦，在自动程序运行前，常常需要选择与自动程序相关的信息，例如红蓝场、自动方案等。可以使用jumper来选择，但是jumper可能插错或者接触不良，并且一个jumper只能给出2种可能性。这里给出使用遥控来实现的程序思路。

① 用一个全局变量Field，红场用－1（Red）表示，蓝场用＋1表示。通常自动跑路线时，假如红场逆时针旋转，而蓝场则需要顺时针旋转。此时，可以将旋转的

功率乘以Field，则能够根据红蓝场自动旋转相应的方向。例如：

---示例程序开始---

```
//使用宏定义红蓝场的值，以后就不需要知道-1或者1 具体是哪个场地
#define Red_Field-1//红场-1
#define Blue_Field 1//蓝场 + 1
int Field = Red_Field; //Field为全局变量，这里初始化为红场，即默认为红场
task main()
{
    Turn(50*Field); //旋转底盘的函数，其中50为功率值，Field代表场地变量
    wait1MSec(5000);
}
```

---示例程序结束---

② 用一个全局变量Auto_Route来代表自动程序的路线方案。Auto_Route值为1就运行1号自动程序，值为2就运行2号自动程序，等等。

---示例程序开始---

```
int Auto_Route = 1; //Field为全局变量，这里初始化为1，即默认为1号自动方案
task main()
{
    if(Auto_Route == 1)
        Auto_Route_1();    //运行1号自动程序
    else if(Auto_Route == 2)
        Auto_Route_2();    //运行2号自动程序
    else if(Auto_Route == 3)
        Auto_Route_3();    //运行3号自动程序
    else//其他值
    { }
    //如果自动程序方案很多，可以使用switch语句，但是注意加上break语句
}
```

---示例程序结束---

为了能够在自动程序中根据实际场地进行人为的选择运行，就需要先设定代表

场地的Field的值。因此在主控开机时，先进行选场，再选路线等。思路为：开机后主控等待用户按下选场地按键A，按着A就进入选择场地状态，然后按下其他按键B或者C（B对应红场、C对应蓝场）就改变Field的值，只要不松开按键A，就可以修改选择，松开按键A后，Field的值就选定了。此后不能再修改，如果确实要修改，就需要重启主控。这样保证选择都是按照固定的顺序进行，不容易出错。

场地选择完毕后，主控会等用户按下选自动方案按键X，按着X就进入选择方案状态，然后按下其他按键Y、Z、W等（Y对应方案1、Z对应方案2、W对应方案3等），就改变代表方案的Auto_Route的值，然后在跑自动程序时，就根据Auto_Route的值选择运行对应的自动程序方案。

以下是等待按键通俗的宏定义，提示信息是使用打印到电脑的writeDebugStream函数来完成，实际可以使用LCD、LED甚至机器人自己动底盘等方式提示，示例程序为:

---示例程序开始---

```
//按键宏定义，意义更加明确，也方便修改
#define key_Field_Choose     vexRT[Btn7U]   //选场地按键
#define key_field_red        vexRT[Btn8R]   //红场按键
#define key_field_blue       vexRT[Btn8L]   //蓝场按键

#define key_Route_Choose     vexRT[Btn7L]   //选自动路线按键
#define key_route_1          vexRT[Btn8L]   //选1号路线按键
#define key_route_2          vexRT[Btn8R]   //选2号路线按键
#define key_route_3          vexRT[Btn8U]   //选3号路线按键

//使用宏定义红蓝场的值，以后就不需要知道－1或者1 具体是哪个场地
#define Red_Field-1//红场－1
#define Blue_Field 1//蓝场 + 1
int Field = Red_Field; //Field为全局变量，这里初始化为红场，即默认为红场

int Auto_Route = 1; //Field为全局变量，这里初始化为1，即默认为1号自动方案
```

```
void Choose_Field_AutoRoute()//先选择场地，再选择自动程序方案
{
    writeDebugStream("Btn7U Choose Field\n");        //提示进入选场地
    wait_for_press(key_Field_Choose);                //空等进入选场地
    while_pressing(key_Field_Choose)                 //已经按下选场地
按键，执行选择操作
    {
        if(key_field_red)//按下key_field_red，此时 key_field_red==1
        {
            FIELD = Red_Field;
            writeDebugStream("Choosed Red!\n"); //提示当前选择的场地
        }
        if(key_field_blue)
        {
            FIELD = Blue_Field;
            writeDebugStream("Choosed Blue!\n");
        }
    }

    if(FIELD == Blue_Field)//提示最终选择的场地
        writeDebugStream("Blue_Field--\n");
    else
        writeDebugStream("Red_Field--\n");
    //////////////////////////////////////////////////////
    writeDebugStream("Btn7L Choose Route\n");  //提示进入选路线方案
    wait_for_press(key_Route_Choose);          //空等进入选路线方案
    while_pressing(key_Route_Choose)
    {
        if(key_route_1)
        {
```

```
            Route = 1;
            writeDebugStream("Choosed  Route1!\n"); //提示当前选择的
路线方案
        }
        if(key_route_2)
        {
            Route = 2;
            writeDebugStream("Choosed Route2!\n");
        }
        if(key_route_3)
        {
            Route = 3;
            writeDebugStream("Choosed Route3!\n");
        }
    }
    writeDebugStream("Route: %d\n", Route); //提示最终选择的路线方案
}//结束 Choose_Field_AutoRoute()

task main()
{
    Choose_Field_AutoRoute(); //选场地和路线
    switch(Route) //根据选择的路线运行相应的自动程序
    {
    case1:  Auto_Route_1(); break; //在自动程序里可能会用到场地信息
Field, 例如转向
    case2: Auto_Route_2(); break;
    case3: Auto_Route_3(); break;
    default: break;
    }
}
```

---示例程序结束---

4.4 用编码器测速

由于编码器安装在旋转轴上，通过光栅的旋转来测量角度位移，当需要计算角速度时，需要通过位移微分来计算，即在一个固定的较小的时间内将编码器测得的角度位移做差。

所求得的角速度即是在该段短时间内的平均角速度。

为了使程序分模块编写，可以单独写一个任务用来测速，测速任务里的代码需要简洁，这样占用CPU时间短。

由于测速任务每次都会用到一些变量，因此将这些变量定义为全局变量。示例程序为：

---示例程序开始---

```
#pragma config(Sensor, dgtl1, enc_flywheel, sensorQuadEncoder)
//*!!Code automatically generated by 'ROBOTC' configuration wizard
                                                              !!*//

//这里用编码器计算飞轮旋转速度
//实际上测得是编码器在这段时间内跑的距离差
//但是由于间隔时间相同，因此这段距离和速度成正比
//这里的速度只是一个相对量，具体单位需要转换
//其中测速间隔时间为20ms，时间间隔越长，测出的速度越大

#define spd_calc_interval_time 20  //测速间隔时间常量
int dist_enc_now = 0;          //中间临时变量，用来存储当前时刻编码器的值
int dist_enc_last = 0;         //中间临时变量，用来存储上一时刻编码器的值
int speed_now = 0;             //当前的实时速度值，用来存储测出的没有问题
的速度值
int speed_mask = 0;            //中间变量，临时存储测出的速度值
//速度值有问题就不会更新speed_now的值

task shoot_speed_calc_task()  //测速任务
```

```
{
    while(1)
    {
        dist_enc_last = dist_enc_now; //更新dist_enc_last
        wait1Msec(spd_calc_interval_time); //等待测速间隔时间，此时不
占用CPU
        dist_enc_now = SensorValue[enc_flywheel]; //重新读取编码器
值，更新到dist_enc_now
        speed_mask = dist_enc_now-dist_enc_last; //计算这段时间里编码
器跑的距离

        if(abs(speed_mask) > 600)   //对所测得速度做一些简单处理
            continue;               //如果速度值明显太离谱，则丢弃，重
新测
        else
            speed_now = speed_mask;  //速度值合理，就更新给speed_now
    }
}

task main()
{
    StartTask(shoot_speed_calc_task); //开启测速任务
    while(1)
    {
        writeDebugStream("spd = %d\n", speed_now); //查看速度值
        wait1Msec(100);
    }
}
```

---示例程序结束---

4.5 机械爪控制程序

在VEX比赛项目中，机械爪是很常见的机械结构。在操控时，通常需要使用两个按键控制其张开和关闭。而实际比赛中，机械爪常常需要比较大的力量，只靠电机的小功率维持力量不够，因此通常给机械爪安装皮筋助力。

安装助力皮筋后，皮筋会使得机械爪一直向中间夹紧。相比没有助力皮筋时，张开会变得慢一些，但是夹紧时则会变得更快且更有力量。当夹紧得分物后，皮筋的力量加上电机的小功率力量，使得机械爪能够更有力地夹紧得分物，防止掉落。

当张开机械爪后，如果张开后电机功率为0，则皮筋的力量会将机械爪合起来，因此需要电机有小功率的维持力能够抵消皮筋的力量。而当机械爪合起来时，也需要有小功率的维持力使得机械爪能够抓得更紧。在程序中，就需要有变量记录机械爪的状态到底是张开还是夹紧。示例程序为：

---示例程序开始---

```
#define key_claw_open vexRT[Btn6u]
#define key_claw_close vexRT[Btn6d]
#define claw_dir_open－1//张开为负功率
#define claw_dir_close1//夹紧为正功率

task main ( )
{
```

```
int claw_dir = 0; //夹子的方向初始化为0
while(1)
{
    if(key_claw_open && !key_claw_close)//按下张开按键
    {
        claw_dir = claw_dir_open; //记录夹子的方向
        claw_set_pwr(-120); //设置夹子电机功率
    }
    else if(!key_claw_open && key_claw_close)//按下夹紧按键
    {
        claw_dir = claw_dir_close; //记录夹子的方向
        claw_set_pwr(120); //设置夹子电机功率
    }
    else//两个按键同时松开或同时按下（主要是同时松开）
    {
        if(claw_dir==claw_dir_open)//根据夹子的方向，赋予电机不同
的维持功率
            claw_set_pwr(10);
        else
            claw_set_pwr(-10);
        //claw_set_pwr(10*claw_dir); //上面的if可以简写成这一句
代码
    }
}
}
```

---示例程序结束---

通过机械爪的程序，主要是学会使用变量保存机器人的一些状态。类似的程序还有机器人的摇臂、抬升、吸筒等。

同时，还可以增加一些代码，将claw_dir重新写成0，则能够关闭夹子的维持功率。

4.6 机器人底盘限速

机器人底盘运动控制最简单的方式是将摇杆的数值赋值给电机的功率，当摇杆拨满时，机器人也会满功率运动。但是有时候不要满功率运动，可以不拨满摇杆，但是操控起来会很困难，因此可以从程序上对摇杆的数值和底盘电机运动的功率做出一些处理。

以下程序中，机器人采用差速控制的方式。摇杆的数值和底盘电机运动的功率处理程序如下：

---示例程序开始---

```
void move_set_pwr(int pwr_left, int pwr_right); //设置底盘运动的左侧和右侧的功率

/*
@forward: 前进功率
@turn: 旋转功率
@fd_max_pwr: 前进最大功率
@t_max_pwr: 旋转最大功率
@max_pwr: 最终电机输出最大功率
 */
void drive_control(int forward, int turn, int fd_max_pwr, int t_max_pwr, int max_pwr)
{
    float pl;
    float pr;

    //盲区处理
    if(abs(forward)<=15)
        forward = 0;
    if(abs(turn)<=15)
        turn = 0;
```

```
    forward = forward * fd_max_pwr/127.0; //等比例缩小，限制前进的功率
    turn = turn * t_max_pwr/127.0; //等比例缩小，限制旋转的功率

    //差速控制算法
    pl = forward + turn; //左侧电机功率
    pr = forward - turn; //右侧电机功率

    //限制电机的功率，sgn()是符号函数，pl和pr限制需要保留其正负符号
    if(abs(pl)>= max_pwr)
        pl = sgn(pl)* max_pwr;

    if(abs(pr)>= max_pwr)
        pr = sgn(pr)* max_pwr;

    move_set_pwr(pl, pr); //功率输出到电机
}

task main()
{
    while(1)
    {
        drive_control(vexRT[Ch3], vexRT[Ch4], 100, 80, 120); //摇杆的数值传递给底盘控制函数
    }
}
```

---示例程序结束---

4.7 手动程序中启动自动程序

在程序中，经常要用到测试自动程序，而手边又没有场地控制器来启动自动程

序，或者是需要在手动程序中运行一段自动动作等，都是在手动程序里添加一些代码，使得手动操控的时候能够运行自动程序。

启动自动程序有两种方式。

4.7.1 函数型自动程序

自动程序为函数时，自动程序执行需要一定时间。可以使用某个按键或组合按键触发。示例如下：

---示例程序开始---

```
task main ( )
{
    while (1)
    {
        other_handle ( ) ; //其他的功能部件的手动操控函数

        //使用遥控按键或者触碰开关启动自动程序
        if (vexRT[Btn6U] || SensorValue[auto_bumper] == 1)
        {
            pre_auton ( ) ; //自动前处理，比如关闭所有电机功率、传感器处理等
            auto_func ( ) ; //自动程序
        }
    }
}
```

---示例程序结束---

函数型自动程序的特点是当自动程序触发后，必须等自动程序运行完毕之后才能再次手动操控。

4.7.2 线程型自动程序

自动程序为task时，自动程序执行需要一定时间，并且是在后台多线程运行。同样可以使用某个按键或组合按键触发，同时，当自动程序的线程在后台运行时，手动程序中还可以加入其他代码，使得程序功能更加丰富，例如可以终止自动程

序，设置自动程序运行时间等。示例如下：

---示例程序开始---

```
task autonomous ( ) //自动程序线程
{
    auto_func ( ) ; //自动程序
}

task main ( )
{
    while ( 1 )
    {
        other_handle ( ) ; //其他的功能部件的手动操控函数

        if ( vexRT[Btn6U] || SensorValue[auto_bumper] = = 1 ) //使用遥控按键或者触碰开关启动自动程序
        {
            pre_auton ( ) ; //自动前处理，比如关闭所有电机功率、不相关的后台线程、传感器处理等
            startTask ( autonomous ) ; //启动自动线程

            clearTimer ( T1 ) ; //使用定时器，开始计时
            while ( getTaskState ( autonomous ) ! = taskStateStopped ) //自动线程运行期间
            {
                //停止自动线程条件
                if ( vexRT[Btn7R] || time1[T1] > 15000 ) //按下按键或者运行时间超过15s
                {
                    stopTask ( autonomous ) ; //停止自动线程
```

```
                    stop_all_functional_task ( ); //停止自动程序期间启动的其他后台线程
                    stop_all_motors ( ); //所有电机功率关闭
                    while ( vexRT[Btn7R] ); //等待按键松开
                }
            }
        }
    }
}
```

---示例程序结束---

第5章

PID控制算法通俗讲解

当今的闭环自动控制技术都是基于反馈的概念以减少不确定性。反馈理论的要素包括三个部分：测量、比较和执行。测量关心的是被控变量的实际值，与期望值相比较，用这个偏差来纠正系统的响应，执行调节控制。在工程实际中，应用最为广泛的调节器按照控制规律为比例P、积分I、微分D控制，简称PID控制，又称PID调节。PID调节又分为P调节、PI调节、PD调节、PID调节。

以上是专业的解释，需要足够的知识才能理解。本章以一个实例来讲解PID，从数学的角度去理解PID，简单说来，PID算法有以下几点：

① PID控制需要有传感器将执行器实际的执行情况反馈给控制器。

② PID算法应用非常广泛。

③ PID控制有多种组合方式。

5.1 问题实例

5.1.1 实验器具

实验以VEX电机上直接安装红色编码器为例。在安装和接线时，需要注意电机的正方向需要和编码器的正方向相同，即电机正功率运行，编码器也需要向正方向运行，这样编程更加方便。

5.1.2 实验目的

VEX中的编码器，轴孔旋转1圈时，编码器的数值变化360，即变化360个跳变数，此时刚好等于360°。

实验时需要控制电机，使其正转4圈，编码器此时也会正转4圈，如果编码器初始值为0，则其数值会从0转到360×4 = 1440。

5.2 程序控制思路

5.2.1 简单控制

为了让电机转4圈，编码器从0到1440，最简单的方式，就是电机全速旋转，当编码器达到1440时，电机功率关闭即可。

程序示例如下：

---示例程序开始---

```
#pragma config(Sensor, dgtl1, encoder_test, sensorQuadEncoder)
#pragma config(Motor, port1, mtr_test, tmotorVex393_HBridge, openLoop)
//*!!Code automatically generated by 'ROBOTC' configuration wizard !!*//
```

```
task main ( )
{
    motor[mtr_test] = 127; //全速旋转
    while ( SensorValue[encoder_test] < 1440 ) ; //等待编码器数值达到1440
    motor[mtr_test] = 0; //停止电机
}
```

---示例程序结束---

理想情况下，编码器的数值会一直均匀增加电机的功率在编码器达到1440时，会变为0，编码器的数值也会停留在1440。

然而实际上，电机转子由于存在惯性，启动和停转都需要时间，因此可以看到开始数值增加得慢，在编码器到了1440后电机停下时，由于惯性编码器会继续转到比1440更大的数值，此时就造成了过冲（超过目标值1440）。

5.2.2 刹车控制

为了让电机旋转减少过冲，可以当编码器的数值接近1440时，给电机一个较小的负功率，用来快速减速，反向功率绝对值通常在20以内。刹车一小段时间之后，关闭电机功率即可。

程序示例如下：

---示例程序开始---

```
#pragma config(Sensor, dgtl1, encoder_test, sensorQuadEncoder)
#pragma config(Motor, port1, mtr_test, tmotorVex393_HBridge, openLoop)
//*!!Code automatically generated by 'ROBOTC' configuration wizard !!*//

#define delta 20//接近目标值的数值范围，即为允许的误差范围
task main()
{
    motor[mtr_test] = 127; //全速旋转
    while(SensorValue[encoder_test] < (1440-delta)); //等待编码器数值很接近1440
    motor[mtr_test] =-10; //小的反向功率
    wait1Msec(100); //刹车时间

    motor[mtr_test] = 0; //停止电机
}
```

---示例程序结束---

通过反向刹车，可以发现过冲现象会缓解很多。但是经过多次调试可以发现，这种方式的准确度与电池电压、电机的负载都有关系。因此，反向功率大小、误差范围、刹车时间之间都有联系。

5.2.3 PID控制

不使用智能PID控制，会造成过冲等问题。引入PID控制，整个控制思路其实就是模拟人的思维。由于普通方法是全程一直全速运行，很容易造成过冲。改进的办法是当接近目标时，速度慢慢地降下来，这就是PID算法最直观的理解。

（1）P控制

为了实现让机器人在接近目标时降速，PID公式为：

$$output = kp \times err$$

① 参数定义。理解公式前，需要先介绍几个概念。

a. 目标值：aim。最终想要传感器达到的值，此值通常是一个固定的值。比如编码器需要达到的1440，即为目标值。

b. 当前值：value_now。传感器当前的值，比如传感器从0到1440的过程中，某一个时刻编码器的值为500，即为当前值。

c. 初始值：value_initial。在PID调节开始时传感器的值。此值不一定是0，比如编码器可以从1000的初始值跑到目标值1440。

d. 当前误差：err_now。某一时刻的目标值与当前值的差值，即 err = aim − value_now，例如在某一时刻，编码器值为500，则此时的误差即是1440 − 500 = 940，不同时刻的误差通常不同。

e. 比例系数：kp。一个正的小数，通常是程序预设的固定值，此值与PID调节的效果密切相关。

f. 输出值：output。通过PID算出的值，经过处理后就可以输出给电机。对output的处理操作：如PID算出为150，但是电机只能接受绝对值在127以内的值，所以只要超过127，就只能给127或者是一个自定义不超过127的最大值，目的是限制电机旋转速度。

g. 控制周期：control_period。控制周期即间隔多长时间进行一次PID计算，由于通常执行一次PID的时间很短，可以忽略，因此在PID里只需要wait1Msec（control_period），即等待control_period毫秒再执行下一次PID计算更新输出。

h.盲区：dead_band。一个比较小的正数，当误差err_now的绝对值小于dead_band时，就将认为达到了目标值，没有误差，将err_now改为0，此时计算得到output为0。

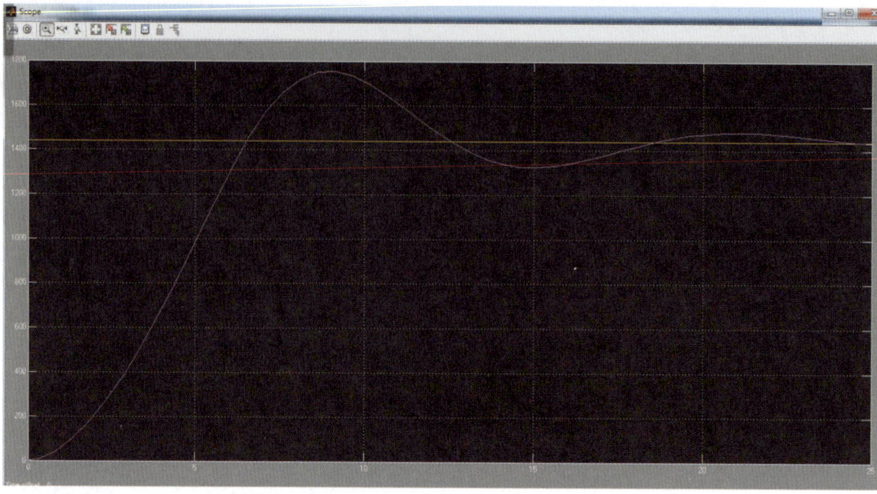

② 典型时间点分析。在此过程，纵坐标为编码器数值，横坐标为时间（单位：秒），目标值为1440，比例系数kp为0.3，初始值为0，控制周期为0.02s（20ms），盲区为10。接下来看三个时间点：

a.起始时刻，编码器的值为0，全速运行。

· 读取当前值为0。

· 计算误差为err_now = 1440－0 = 1440，在盲区外，不归零处理。

· 然后计算output = 1440×0.3 = 432。

· output超过了127，此时限制幅度，output更改为127，全速运行。

· 设置电机的功率为output，输出127的功率。

· 等待控制周期control_period，重新开始执行第1个过程。

此时，PID刚开始，算出err_now很大，通常都是全速启动。

b. 大概5s时，编码器的值为1000，全速运行。

· 读取当前值为1000。

· 计算误差为err_now = 1440－1000 = 440。

· 然后计算output = 440×0.3 = 132。

· output超过了127，此时限制幅度，output更改为127，全速运行。

· 设置电机的功率为output，输出127的功率。

· 等待控制周期control_period，重新开始执行第1个过程。

此时，PID开始不久，算出err_now依然比较大，也是全速运行。

c. 大概5.5s时，编码器的值为1200，自动减速。

· 读取当前值为1200。

· 计算误差为err_now = 1440 − 1200 = 240。

· 然后计算output = 240 × 0.3 = 72。

· output绝对值没有超过127，output不变。

· 设置电机的功率为output，输出72的功率，开始减速。

· 等待控制周期control_period，重新开始执行第1个过程。

此时，PID开始有一段时间，编码器数值也越来越大，算出err_now依然慢慢变小，output已经小于127，电机速度自动减速，减少过冲。

d. 大概6.5s时，编码器的值为1435，继续减速。

· 读取当前值为1435。

· 计算误差为err_now = 1440 − 1435 = 5，在盲区里，视为没有误差，则将误差改为0。

· 然后计算output = 0 × 0.3 = 0。

· output绝对值没有超过127，output不变。

· 设置电机的功率为output，输出0的功率。

· 等待控制周期control_period，重新开始执行第1个过程。

此时，PID开始有一段时间，编码器数值也越来越大，算出err_now持续变小，output持续变小，电机功率越来越小。但是由于电机有惯性，通常都会过冲。

e. 大概7.5s时，编码器的值为1600，自动反向。

· 读取当前值为1600。

· 计算误差为err_now = 1440 − 1600 = −160。

· 然后计算output = −160 × 0.3 = −48（负值）。

· 绝对值没有超过127，output不变。

· 设置电机的功率为output，输出−48的功率。

· 等待控制周期control_period，重新开始执行第1个过程。

此时，虽然超过目标值，电机算出的output也为负值，即电机功率为负值，此时电机会自动反方向旋转，使得编码器数值减小从而靠近1440。

综上可以看出：

a. 距离目标很远时，err_now很大，output = err_now × kp超过了设定的最大功率，PID会以最大功率运行。

b. 距离目标近一点时，算出的output没有超过最大功率，此时电机开始速度慢下来。

c. 距离目标更近时，电机速度进一步减慢。直到达到目标，算出的功率为0。

d. 由于电机惯性，或多或少会过冲一点，此时当前值超过目标值，算出的误差err_now为负值，output也为负值，电机就反向旋转。

e. 接下来当编码器数值会在目标值上下振动一会，进行小幅度调节。

f. 最后一直稳定在盲区里面，则调节稳定下来了。

其中，传感器数值、误差数值以及电机输出功率随时间变化。

传感器数值变化：

误差数值变化：

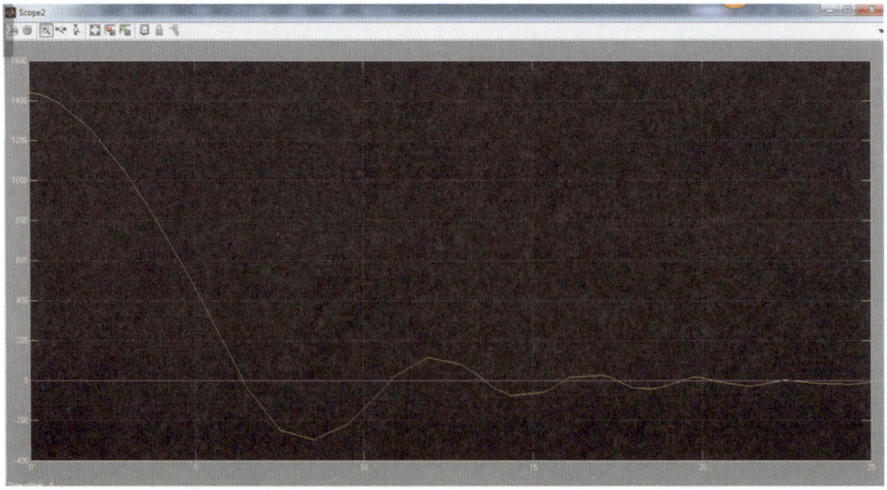

电机输出功率变化:

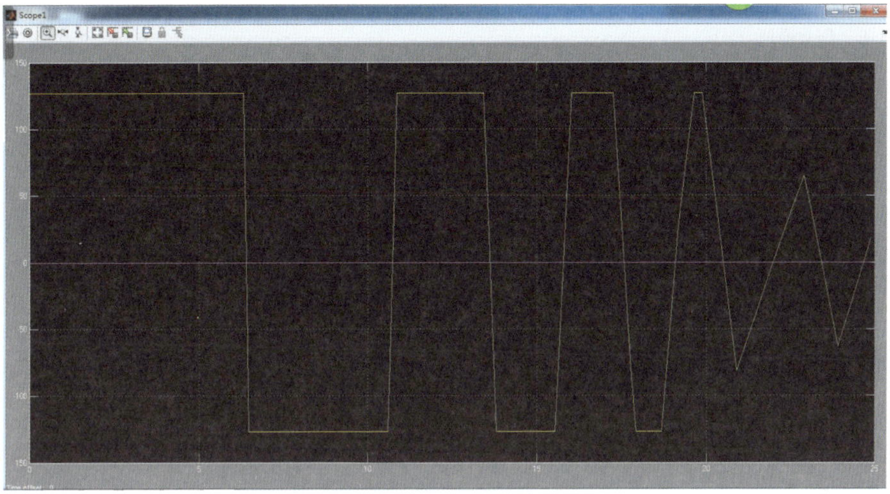

③ 程序流程。

a. 获取当前值value_now。

b. 计算误差err_now。

c. 处理误差，盲区。

d. 计算output。

e. 限制output幅度。

f. 输出电机的功率为output。

g. 等待控制周期control_period，重新开始执行过程a。

建立PID模块并调用，示例程序如下:

---示例程序开始---

```
#pragma config(Sensor, dgtl1, encoder, sensorQuadEncoder)
#pragma config(Motor, port2, mtr_test, tmotorVex393, openLoop)
//*!!Code automatically generated by 'ROBOTC' configuration wizard
                                                              !!*//

#define control_time 20//控制周期(ms)
#define blind_area 10//盲区
```

```
/*
aim: 目标值
max_pwr: 最大功率
exit_time: PID的调节时间，设定一个时间(毫秒)，超过这个时间就退出PID调节
*/
void forward_distance(int aim, int max_pwr, int exit_time)
{
    float kp = 0.3; //比例系数
    float output = 0; //输出变量
    int err_now = 0; //当前误差
    int value_now = 0; //当前值

    clearTimer(T1); //清除定时器，定时器后台计时
    while(time1[T1] < exit_time)//超过时间Exit_Time就退出PID调节
    {
        value_now = SensorValue[encoder]; //获取当前值

        err_now = aim - value_now; //计算误差

        if(abs(err_now)< blind_area)//判断是否在盲区内
            err_now = 0; //在盲区内就将误差改为0

        output = kp * err_now; //计算输出

        if(abs(output)> = max_pwr)//限制输出功率的幅度
            output = sgn(output)* max_pwr; //sgn()是求符号函数

        motor[mtr_test] = output; //将output输出到电机

        wait1Msec(control_time); //等待控制时间再进行下一次PID调节
    }
```

```
        motor[mtr_test] = 0; //关闭电机功率
}
////////////////////////
task main()
{
        //调用PID调节函数模块
        //目标值设定为1440，最大功率为120，调节时间为20s
        forward_distance(1440, 120, 20000);
}
```

---示例程序结束---

（2）PI控制

① 稳态误差问题的引出。实验中有时候会发现，电机调节到最后就不转了，也没有微小振动。此时观察编码器数值，也不在盲区以内，同时电机也有一个小功率，但是就是一直不转。

例如目标为1440，盲区为10，编码器数值为1460，在盲区以外，可以算出此时功率为：kp×（aim－value_now）= 0.3 ×（1460－1440）= 6。此后一直存在一个稳定的小误差，一直有小功率，但是电机一直不动。

编码器数值变化：

经过分析和实验可以知道，电机内部有静摩擦，功率太小就不足以转动，比如VEX393电机，空载情况下，功率达到20才能够转动。因此当按照PID的比例比分算出来功率为6，电机不足以转动。

这种稳定的小误差，称为稳态误差，对于精度要求高的控制仍然需要消除，因此，PID中的I（积分项），其作用就是消除稳态误差。

② 积分项参数定义。为了消除静态误差，引入积分项的作用，PID公式为：

$$output = kp \times err + ki \times intergral$$

a. 积分系数：ki。一个正小数，通常是程序预设的一个绝对值很小的固定值，此值和最后的PID调节的效果密切相关。

b. 积分和：intergral。积分和即为累加求和，intergral不停地累加当前误差，即intergral = intergral + err_now，由于不停地累加，intergral一定要设置初始值为0。

当系统存在静态误差err_now时，虽然err_now绝对值很小，开始时刻intergral也很小，但是经过多次累加err_now之后，intergral的绝对值也会变得很大。

按照PID的公式，当intergral较小时，ki×intergral的值很小，几乎为0，对output没有影响；当intergral绝对值变得很大时，ki×intergral就开始对output开始产生较大的影响了。

PID控制没有积分项，编码器数值最后停留在距离目标值很近的一个数值，电机也不再旋转。

假设电机功率从20开始可以转动。ki取0.005，假设在t = 20s时，intergral = 10，此时编码器当前值为1455，在盲区外。

第1次计算：

err_now = 1440－1455 =－15，超过了目标。

intergral = intergral + err_now = 10 + （－15）= －5，第一个周期。

output = kp×err_now + ki×intergral = 0.3×（－15）+ 0.005×（－5）= －4.525。

由于功率绝对值小于电机起转功率20，电机没有动，编码器数值也不会改变，err_now会保持－15不变。

第2次计算：

intergral = intergral + err_now =－5 + （－15）=－20；output = 0.3×（－15）+ 0.005×（－20）= －4.6；

由于功率绝对值依然小于电机起转功率20，电机依然没有动，编码器数值也不会改变，err_now会保持－15不变。

慢慢等待中……

第206次计算：

intergral = [－5 + （－15）×206] =－3095。

计算output = 0.3×（－15）+ 0.005×（－3095）= －19.975。

电机依旧还是没有转。

第207次计算：

intergral = [－5 + （－15）×207] = －3110。

计算output = 0.3×（－15）+ 0.005×（－3110）= －20.05，绝对值终于大于电机起转功率20，电机终于转动了。

我们来看一看加上积分项后的效果，可以看到，随着时间增加，编码器数值渐渐地靠近了目标值，稳态误差的问题得到了很好的消除。

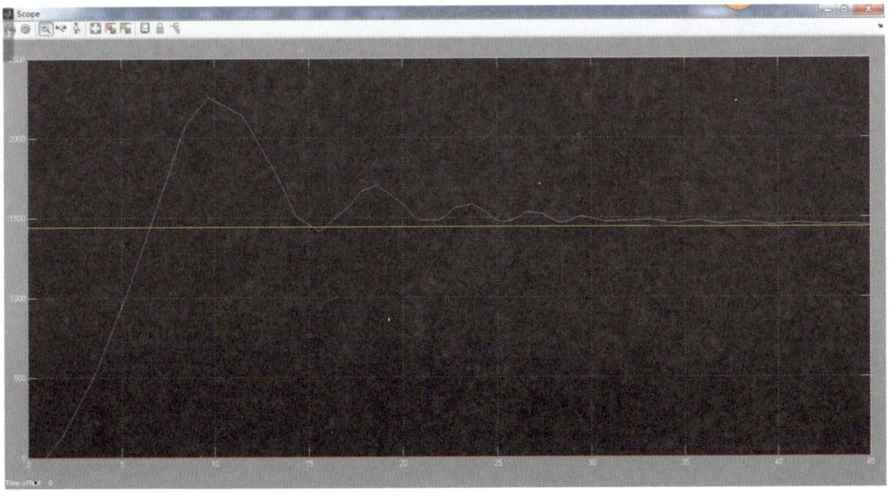

同样地，可以思考，当静态误差为正时，即未到达目标值，经过积分作用后，intergral也会越来越大，最终与ki相乘，也会使得output为一个较大的正数，最终使编码器数值增大，靠近目标值。

③ 程序流程。

a.获取当前值value_now。

b.计算误差err_now。

c.处理误差，盲区。

d.计算integral。

e.计算output。

f.限制output幅度。

g.输出电机的功率为output。

h.等待控制周期control_period，重新开始执行过程a。

建立PID模块并调用，示例程序如下：

---示例程序开始---

```
#pragma config(Sensor, dgtl1, encoder, sensorQuadEncoder)
#pragma config(Motor, port2, mtr_test, tmotorVex393, openLoop)
//*!!Code automatically generated by 'ROBOTC' configuration wizard
                                                            !!*//

#define control_time 20        //控制周期(ms)
#define blind_area 10          //盲区

/*
aim: 目标值
max_pwr: 最大功率
exit_time: PID的调节时间，设定一个时间(毫秒)，超过这个时间就退出PID调节
*/
void forward_distance(int aim, int max_pwr, int exit_time)
{
    float kp = 0.3; //比例系数
    float ki = 0.005; //积分系数
```

```
        int integral = 0; //积分项，初始值为0

        float output = 0; //输出变量
        int err_now = 0; //当前误差
        int value_now = 0; //当前值

        clearTimer(T1); //清除定时器，定时器后台计时
        while(time1[T1] < exit_time)//超过时间Exit_Time就退出PID调节
        {
            value_now = SensorValue[encoder]; //获取当前值

            err_now = aim - value_now; //计算误差

            if(abs(err_now)< blind_area)//判断是否在盲区内
                err_now = 0; //在盲区内就将误差改为0

            integral = integral + err_now; //计算积分项

            output = kp * err_now + ki * integral; //计算输出

            if(abs(output)> = max_pwr)//限制输出功率的幅度
                output = sgn(output)* max_pwr; //sgn()是求符号函数

            motor[mtr_test] = output; //将output输出到电机

            wait1Msec(control_time); //间隔采样时间再进行下一次PID调节
        }
        motor[mtr_test] = 0; //关闭电机功率
}
/////////////////////////
task main()
```

```
{
    //调用PID调节函数模块
    //目标值设定为1440，最大功率为120，调节时间为20s
    forward_distance(1440, 120, 20000);
}
```

---示例程序结束---

（3）PID控制

对于大多数控制，例如普通VEX机器人，微分D的作用不是很明显，也看不出有明显的作用，一般PI调节已经能满足大部分的控制效果。这里还是解释一下D的作用。

① 微分预测作用。一个典型例子就是，当机器人在前进到目标位置的过程中，希望能够匀速前进，但是突然遇到了一个陡坡，此时机器人的速度会突然急剧增加，编码器的数值也会急剧增加。

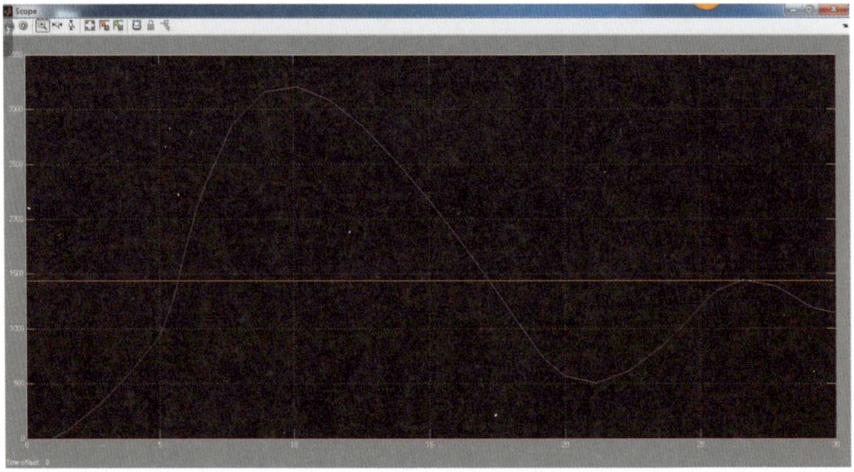

如果没有微分的作用，在t = 5s时，突然遇到下坡，机器人速度剧增，编码器数值也突然增加很快，并且在接下来的时间里，机器人依然会一直运行得很快，此时就很容易造成很大的过冲。

②微分项参数定义。为了能够避免机器人下坡时还不减速的问题，PID公式增加微分项，公式为：

$$output = kp \times err + ki \times intergral + kd \times differential$$

a.前一次数值：value_last。value_last是PID控制中上一个周期的“当前值”，即数值上等于前一个控制周期的value_now，相当于保存了上一次的value_now的值。

b. 前一次误差：err_last。err_last是上一个控制周期的err_now，在上一次周期最后，err_last被赋值为err_now，而到了当前周期，err_now会重新运算，但是err_last会先不变，即保存了前一个周期里的err_now的值，在所有运算完成之后，即output设置给电机之后，err_last再次重新被赋值为当前周期的err_now，为下一时刻做准备。

c. 微分系数：kd。一个正小数，通常是程序预设的一个绝对值很小的固定值，此值和最后的PID调节的效果密切相关。

d. 微分项：differential。

定义differential = err_now－err_last

= (aim－value_now) － (aim－value_last)

= value_last－value_now

微分项即为前一周期传感器的值减去当前周期的值。

value_last是前一个周期（t = 4.998s）的传感器的“当前值”，那么我们可以知道，经过一个周期0.02s后，t = 5s时，由于遇到下坡，value_now增大了很多，因此（value_last－value_now）即differential就会是一个负值，并且绝对值很大。

按照PID的公式，当differential较小时，kd×differential的值很小，几乎为0，对output没有影响；当differential绝对值变得很大时，kd×differential就开始对output开始产生较大的影响了。

分析可以知道，differential具有预测突变的作用。当机器人遇到下坡时，differential为绝对值较大的负数，kd×differential就会给output叠加一个负数，因此机器人会减速，不至于在感受到了下坡的时候，还一路狂奔……

但是在实际应用的大部分PID控制中，大部分采用PI控制就可以了。

③ 程序流程。

a. 获取当前值value_now。

b. 计算误差err_now。

c. 处理误差，盲区。

d. 计算integral。

e. 计算differential。

f. 计算output。

g. 限制output幅度。

h. 输出电机的功率为output。

i. 等待控制周期control_period，重新开始执行过程a。

---示例程序开始---

```
#pragma config(Sensor, dgtl1, encoder, sensorQuadEncoder)
#pragma config(Motor, port2, mtr_test, tmotorVex393, openLoop)
//*!!Code automatically generated by 'ROBOTC' configuration wizard
                                                              !!*//


#define control_time 20//控制周期(ms)
#define blind_area 10//盲区


/*
aim：目标值
max_pwr：最大功率
exit_time：PID的调节时间，设定一个时间(毫秒)，超过这个时间就退出PID调节
*/
void forward_distance(int aim, int max_pwr, int exit_time)
{
    float kp = 0.3; //比例系数


    float ki = 0.005; //积分系数
    int integral = 0; //积分项，初始值为0


    float kd = 0.05; //微分系数
    int differential = 0; //微分项


    float output = 0; //输出变量
    int err_now = 0; //当前误差
    int err_last = 0;
    int value_now = 0; //当前值
```

```
        clearTimer(T1); //清除定时器，定时器后台计时
        while(time1[T1] < exit_time)//超过时间Exit_Time就退出PID调节
        {
            value_now = SensorValue[encoder]; //获取当前值

            err_now = aim - value_now; //计算误差

            if(abs(err_now)< blind_area)//判断是否在盲区内
                err_now = 0; //在盲区内就将误差改为0

            integral = integral + err_now; //计算积分项

            differential = err_now - err_last; //计算微分项

            output = kp * err_now + ki * integral + kd * differential; //
计算输出

            if(abs(output)> = max_pwr)//限制输出功率的幅度
                output = sgn(output)* max_pwr; //sgn()是求符号函数

            motor[mtr_test] = output; //将output输出到电机

            wait1Msec(control_time); //间隔采样时间再进行下一次PID调节
        }
        motor[mtr_test] = 0; //关闭电机功率
}
/////////////////////////
task main()
{
        //调用PID调节函数模块
        //目标值设定为1440，最大功率为120，调节时间为20s
```

```
    forward_distance(1440, 120, 20000);
}
```

---示例程序结束---

5.2.4 PID参数

（1）PID系数的作用

PID调节一定含有P调节，因此kp一定不为0。

从公式output = kp×err_now + ki×intergral + kd×differential可以得出，如果ki为0，则积分项对最后电机的输出没有影响，此时相当于关闭了积分项的作用。同理，kd为0，也是关闭了微分项的作用。

kp、ki、kd对调节的效果的影响比较复杂，自己去试着调节才有深刻的体会。前面的示例知识给出了基本的作用，但是引入后又会有其他的一些副作用。

下面给出系数对控制效果的影响。

① kp。比例系数增大，使系统的动作灵敏，速度加快，稳态误差减小。kp偏大，振荡次数增多，调节时间变长。kp太大时，系统会趋于不稳定。kp太小，又会使系统的动作缓慢。

② ki。只要系统有误差存在，积分项就不断地积累，输出控制量，以消除误差。因而，只要有足够的时间，积分控制将能完全消除误差，使系统误差为零，从而消除稳态误差。ki太大会使系统超调加大，甚至使系统出现振荡。ki太小则积分作用不明显。

③ kd。微分控制可以减小超调量，克服振荡，使系统的稳定性提高，同时加快系统的动态响应速度，减少调整时间，从而改善系统的动态性能。kd太大也会引起系统不稳定，产生振荡。kd太小微分作用不明显。

（2）系数调节方法

PID的系数kp、ki、kd系数可以通过算法算出，这种方式叫作自整定，但是自整定系数的算法比较复杂。另外一种方式就是凭借经验，用试凑的方式，这种方式简单、易于掌握。

在试凑时，一般可根据以上参数对控制过程的影响趋势，对参数实行先比例、后积分、再微分的步骤进行整定。

首先将积分系数ki和微分系数kd取零，即取消微分和积分作用，采用纯比例控制。将比例系数kp由小到大变化，观察系统的响应，直至速度快，且有一定范围的超调为止。如果系统静差在规定范围之内，且响应曲线已满足设计要求，那么只需用纯比例调节器即可。

如果比例控制系统的静态误差达不到设计要求，这时可以加入积分作用。在整定时将积分系数ki由小逐渐增加，积分作用就逐渐增强，观察输出会发现，系统的静态误差会逐渐减少直至消除。反复试验几次，直到消除静态误差的速度满意为止。注意这时的超调量会比原来加大，应适当地降低一点比例系数kp。

若使用比例积分（PI）控制器经反复调整仍达不到设计要求，或不稳定，这时应加入微分作用，整定时先将微分系数kd从0开始逐渐增加，观察超调量和稳定性，同时相应地微调比例系数kp、积分系数ki，逐步调试，直到满意为止。

附录一

实用物理电路知识

（1）传感器

传感器（sensor）是一种检测装置，能感受到被测量的信息，并能将感受到的信息，按一定规律变换成为电信号或其他所需形式的信号输出。

生活中有很多传感器，例如麦克风将声音这种物理量转换成相应的电信号，计算机等设备就可以根据这个电信号获取声音；电视机里面的光电二极管将遥控器发出的红外线转换成相应电信号，电视机根据这个电信号来做出相应的动作，从而实现“遥控”。

传感器安装在机器人上，作为机器人的感官系统，机器人就可以“看”“嗅”“听”“触”等，完成对外界信息的采集，从而根据外界信息做出相应的反应。

（2）输入量与输出量

输入与输出

输入（Input）和输出（Output）是相对的，都是针对某一个器件。流入器件的信号是输入信号，而流出器件的信号是输出信号。

例如麦克风的输入是外界的声音，输出则是产生的相对应的电信号。而麦克风接到电脑上，麦克风的输出信号再作为电脑的输入，电脑再根据此输入对电信号做录音、声音放大等处理。

I/O接口则是器件留出的连接输入设备和输出设备的接口。有些I/O既可以设置成输入，也可以设置成输出。

例如VEX的数字量接口和模拟量接口作为输入，连接传感器来获取信息。同时数字量接口也可以设置成输出，用来控制LED、电磁阀等元件。还有电机输出口专门用来控制电机。

（3）模拟量与数字量

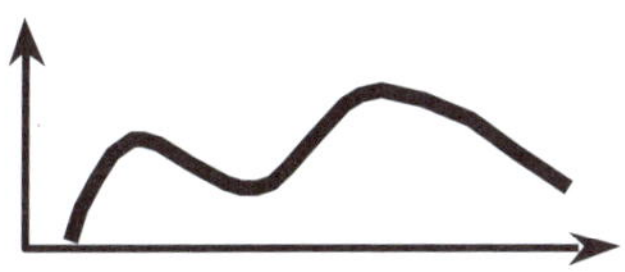

模拟量

数字量

模拟量：随着时间变化，数值在一定范围变化连续，且有大有小的无限种可能值的信号。

例如，对着麦克风说话，不同大小的声音引起麦克风振动膜振动产生的电流大小不同，这个电流信号就是模拟量。压力传感器会随着压力大小变化而产生一个随之变化的模拟量电信号，根据这个电信号的大小就可以知道压力的大小。

数字量：随着时间变化，数值上不连续，跳变的信号，数值可能性有限。

在5V的数字电路里，高电平时5V，低电平时0V。通常使用0代表低电平，1代表高电平。因此数字信号的数值不连续，且只有0和1，反映在电路上就是低电平和高电平两种状态。

生活中数字量的传感器也很多，例如自动水龙头，当手伸到传感器的感应范围内时，传感器会输出高电平（或低电平），当手拿开后，传感器重新输出低电平（或高电平）。还有一些工业上常用的编码器，超声波传感器、激光测距传感器等。

小知识：VEX机器人的触碰传感器。

见下图，其中的电池为5V，用理想万用表去测各处的电压。1代表5V，0代表0V。

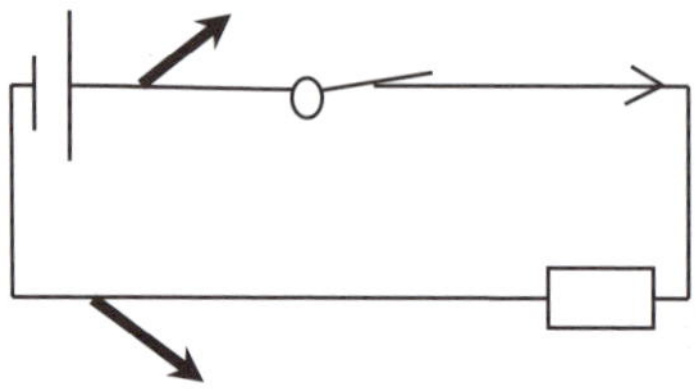

开关闭合，有电流

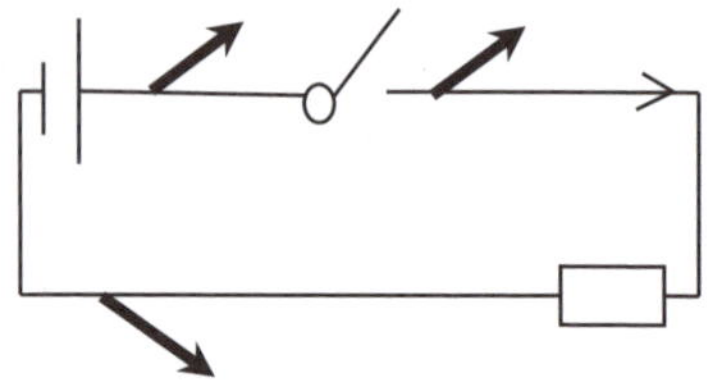

开关断开，没有电流

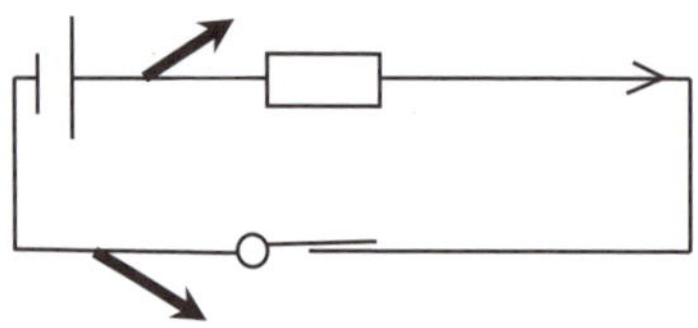

开关闭合，有电流

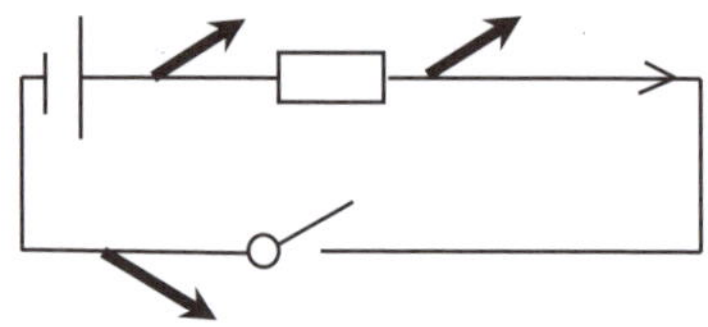

开关断开，没有电流

元件简化的电路：

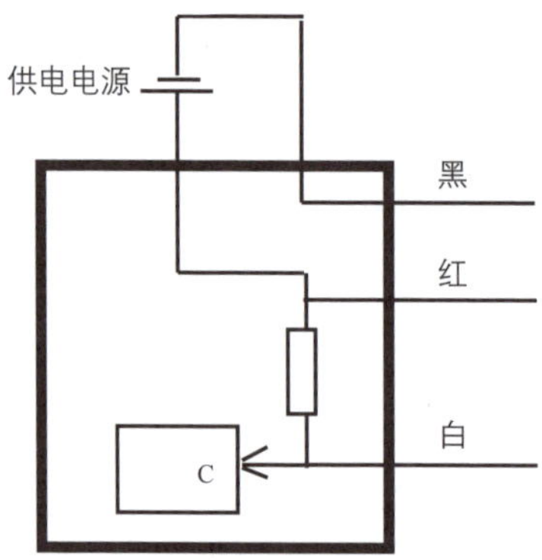

VEX主控数字输入口示意图

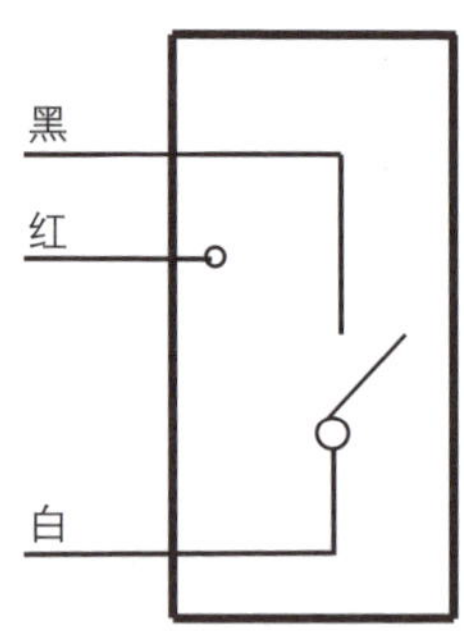

VEX触碰传感器

CPU去读取电压时相当于一个理想万用表去读电压。触碰传感器的红线发现红线没有被使用。

当VEX数字口不接传感器时，CPU读到白线上为1。当接上触碰传感器时，如果没有按下开关，则白线没有和黑线接触，此时白线依然读到1。如果按下开关，白线和黑线接触，此时白线连接到电池负极，读到白线信号就为0。

小技巧：两个触碰传感器还可以通过Y形线并联在一起，再接入一个数字输入口，只要任意一个开关按下，CPU就可以读到低电平。

右图所示为VEX的跳线，跳线两端的线直接连接在一起，插入VEX的输入口后，使VEX的白线和黑线直接相连，此时CPU也会读到低电平；拔掉后则读到高电平。根据这个电路可以利用VEX的延长线自制跳线。

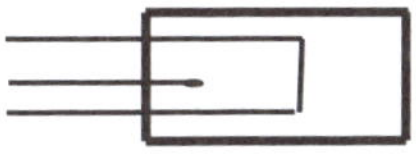
VEX跳线

（4）PWM波

① 数字量控制电机转动示意图。其中的开关受PWM信号的控制，当PWM波为1时，开关关闭，电机转动；PWM为0时，开关打开，电机停止转动。

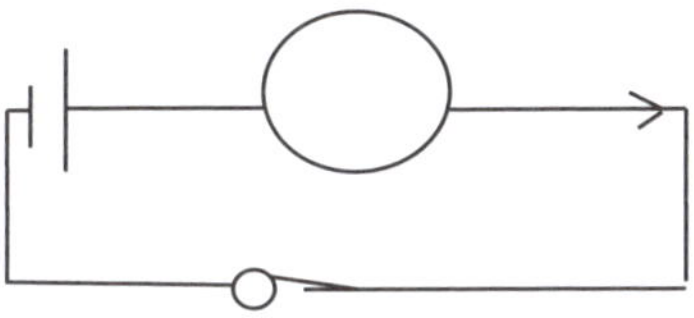
电机转动

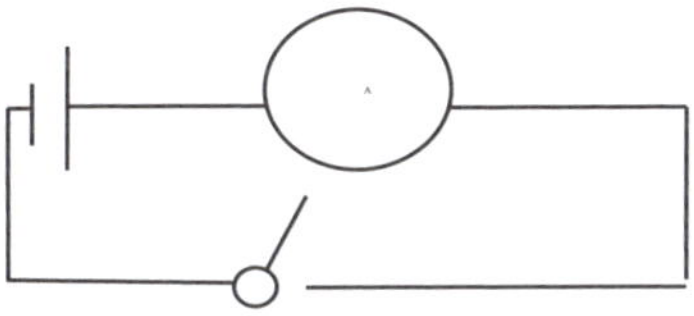
电机停止转动

② PWM波。直流电机的转速随着电压增加会随之增加，此时电机两端的电压就是模拟量。在数字电路中控制直流电机则利用脉冲宽度调制（Pulse Width Modulation）波，简称PWM波。

占空比（Duty Ratio）ρ为：

$$\rho = \frac{t_{on}}{T}$$

则电机获得的平均电压u_d为：

$$u_d = \frac{t_{on}}{T} U = \rho U$$

其中：

t_{on}——一个周期内的通电时间；

T——波形的周期T很小，T通常小于1ms。

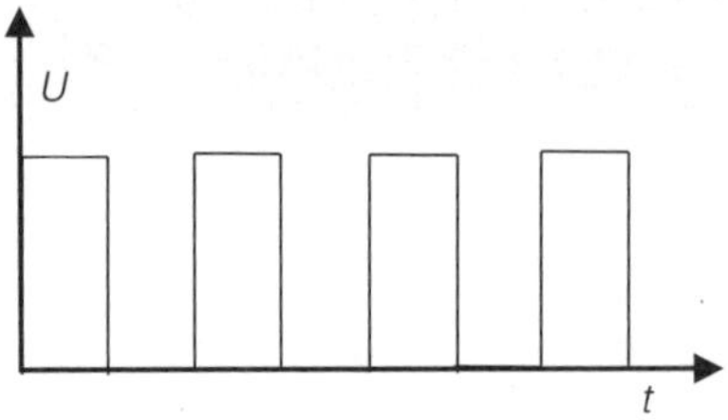

50%占空比PWM波

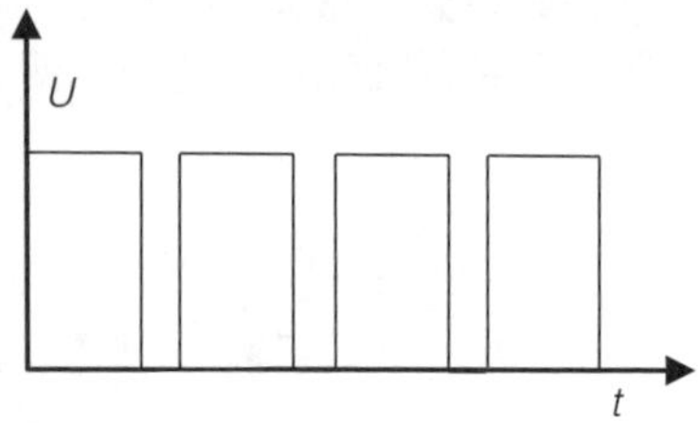

75%占空比PWM波

由于电机转动有惯性，当电机转动时，PWM信号变为0，失去了转动力量，但是由于惯性电机不会立刻转速变成0，还会慢慢减速，而在速度还没有减到0时PWM又变成了1，重新提供转动的力量，电机又开始加速。

因此，电机实际上就是在不停地加速减速运动，但是由于变化很快，当占空比不变时，从宏观上看就是在匀速运动。

在实际的应用中，还可以增加更加复杂的电路，使得通过利用PWM不仅能够控制转速，还能控制转动的方向。

例如VEX主控提供2个直接的电机接口和8个需要电机控制器转接的接口。

port1和port10直接接口提供PWM波控制转速和方向。正转时红线接到高电平（主控电池的电压7.2V），黑线电平在跳动，输出PWM波（0～7.2V）。反转时，黑线接到高电平，红线电平在跳动。

port2～port8则需要通过电机控制器（motor controller）来实现port1和port10的功能。

port2～port8输出的黑线一直是低电平，红线一直是高电平，而白线（信号线）上则是输出PWM。电机控制器根据 主控输出的白线的PWM波的占空比来控制电机的转速和方向，从电机控制器输出的红黑线与port1和port10的红黑线相同。而在程序里的功率从－127到127的对应着主控输出的白色信号线上PWM波占空比依次增大，例如－127对应10%，0对应25%，127对应40%（不一定必须设计成－127对应0%，127对应100%）。

附录二

典型机器人机型

（1）2015～2016 Nothing But Net

飞轮射球机器人

本赛季的机器大致分两种：一种是弹射机；另一种是飞轮机。

弹射机是通过缺齿拉动皮筋蓄力，将球弹射出去。其优点是弹射稳定，适合投射24颗填装球。其缺点是恢复相对飞轮较慢，不能快速连射。

飞轮射球机的飞轮是具有适当重量的摩擦轮，通过预先将飞轮高速旋转起来，储存能量。两组飞轮之间的间隙比球略小，当球从两组飞轮中间经过时，通过飞轮的摩擦力将球挤出去。

同时，飞轮的旋转速度可以通过程序控制，一般是采用PID的思路，当然也有简单的速度分段控制。将球射出之后，飞轮的速度会有所降低，需要程序快速恢复。

飞轮射球机的优点是速度恢复快，适合快速射出机器人携带的4颗球。其缺点是射球速度没有弹射稳定，远射准确率调试相对困难。

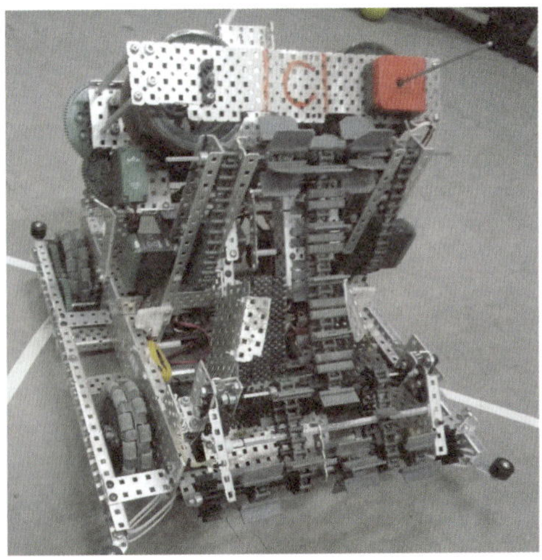

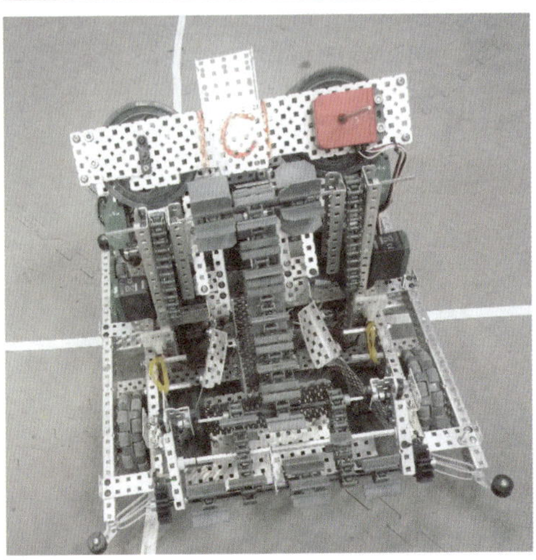

（2）2016～2017 Starstruck

铲夹机器人

本赛季的机器大致分两种：一种是正夹机；另一种是铲机。

机型对比大致是：正夹机器要高出杆不少，方便防守对手机器，方便收集得分物，但是局限性非常明显，不容易把得分物送到高分区。而铲子机则可以轻松把得分物送到高分区，容量大，但是收集得分物困难，容易被防守。

铲夹机采用的是将两种机器结合在一起的思想，既能够轻松收集得分物，又能够把得分物送到高分区。

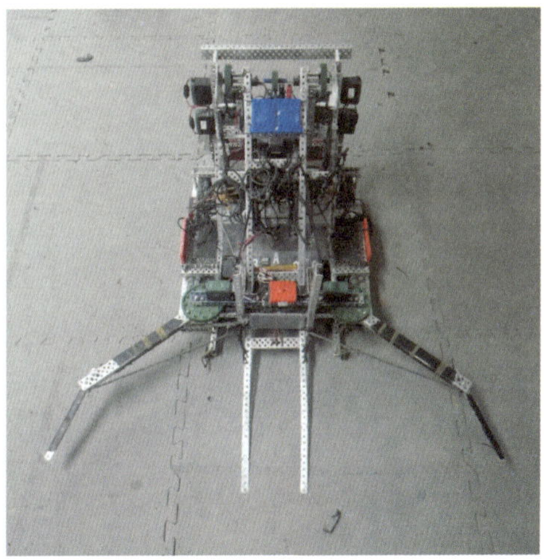

（3）2017～2018 In The Zone

正面摇臂机器人

本赛季的机器基础机型都是摇臂机型。

摇臂是通过平行四边形或者链条的方式使机器人的拾取部件一直保持水平。机器人将锥体从地面拾取之后，通过摇臂的向后旋转，将锥体从机身前端收回机器人内部，此时锥体和拾取工作部件都会一直保持水平，锥体就可以进行重复套叠。

电科实验

科技有限公司
7386X

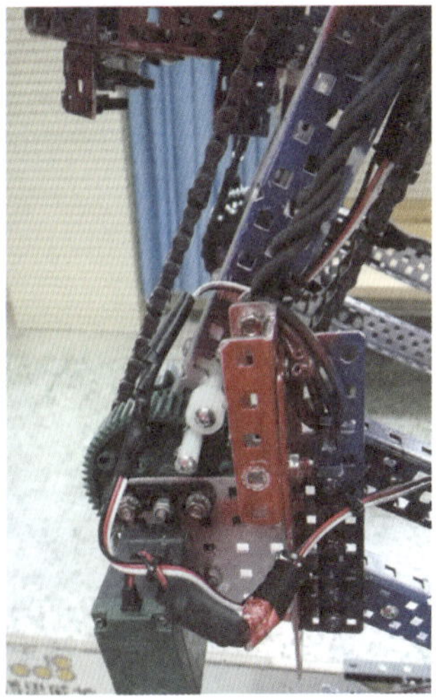

参考文献

[1] 陈江浩.浅谈传感器技术在机电一体化中的应用[J].数字通信世界，2019（07）:180.

[2] 唐琳.《液压与气压传动》课程建设研究[J].南方农机，2019，50（14）:132.

[3] 马爱霞，徐音.超声波传感器原理及应用[J].科技风，2016（01）:109.

[4] 贾兴丹，万秋华，赵长海，等.光电编码器测速方法现状与展望[J].仪表技术与传感器，2018（03）:102-107.

[5] Majid Dadafshar.加速度计和陀螺仪传感器:原理、检测及应用[J].电子产品世界，2014，21（06）:54-57.

[6] 谭浩强.C程序设计[M]. 第4版.北京: 清华大学出版社，2010.